PFLANZEN
FÜR
HONIGBIENEN

PFLANZEN FÜR HONIGBIENEN

Wie Sie Ihren Garten
zum Summen bringen

SARAH WYNDHAM LEWIS

ILLUSTRATIONEN VON JAMES LEWIS WESTON

GERSTENBERG

WIDMUNG

Meiner Mutter Evelyn, meiner Tante Diana, meinem Onkel Tod und all den anderen begabten Gärtnern in meiner Familie, die vielleicht gedacht haben, ich hätte all die Jahre nicht auf sie gehört. Doch irgendwie muss ich es wohl doch ein bisschen getan haben.

Für meinen Ehemann Dale Gibson, der die Bienen in unser Leben gebracht hat – ohne mich vorzuwarnen, dass sie unser ganzes Leben bestimmen würden, und in der Hoffnung, ich würde nicht bemerken, dass Imker niemals freihaben (woran ich zugegebenermaßen noch hin und wieder ein bisschen zu knabbern habe).

Und für Mops Edward, meinen treuen vierbeinigen Freund.

INHALT

VORWORT

Anregung statt Anleitung

Bei diesem Buch handelt es sich nicht um ein Gartenlehrbuch im herkömmlichen Sinne. Es ist ein Buch voller Informationen und Ideen, das sich an erfahrene Gärtner ebenso richtet wie an Gartenanfänger.

Das Buch befasst sich mit Honigbienen und der Frage, welche Pflanzen Sie in Ihrem Garten anpflanzen können, um sie mit Pollen und Nektar zu unterstützen. Weltweit gibt es etwa 25.000 verschiedene Bienenarten. Darunter finden sich nur sieben Arten von Honigbienen. Diese haben eine überaus wichtige Aufgabe. Der Großteil der Pflanzen, die von Honigbienen befruchtet werden, bietet Menschen, Tieren, Vögeln und Insekten Nahrung. Der gezielte Anbau dieser Pflanzen hat demnach einen entscheidenden, unmittelbaren ökologischen Nutzen.

Im Vergleich zu anderen bestäubenden Insekten besitzen Honigbienen einen relativ kurzen Saugrüssel. Dies grenzt die Zahl der Blütenarten, deren Nektar sie ernten können, ein. Das bedeutet jedoch auch, dass Bienenpflanzen ebenso auch für andere Bestäuber nützlich sind. Denn was Honigbienen Nahrung bietet, kommt auch Hummeln, Schwebfliegen und anderen nützlichen Insekten zugute. Umgekehrt ist dies allerdings nicht immer der Fall.

Auch wenn mein Ehemann Dale Gibson und ich unsere Bienen in der Bermondsey Street gemeinsam versorgen, überlasse ich gern Dale die Arbeit an den Bienenstöcken. Denn ich bin von Kindheit an allergisch auf Insektenstiche – und komme mir im

Imkeranzug etwas lächerlich vor. Dennoch faszinieren und bezaubern mich Bienen, und ich sehe es mit Sorge, wie komplex und zahlreich die Bedrohungen ihrer Zukunft sind.

Ich habe viel Freude daran, in unserer Bienenzucht in Suffolk unseren eigenen Garten bienengerecht zu gestalten und die Vorlieben und Gewohnheiten unserer Bienenvölker vor Ort zu beobachten. Die Arbeit im Garten reißt nie ab und da ich dort nicht annähernd so viel Zeit verbringen kann, wie ich möchte, habe ich den Garten möglichst pflegeleicht angelegt. Dies ist auch gut so, denn ich bin noch weit entfernt davon, eine »perfekte« Gärtnerin zu sein.

Dennoch habe ich schon viel gelernt: Das Wichtigste ist, einfach in den Garten zu gehen und mit dem Pflanzen der richtigen Blumen und Stauden zu beginnen. Egal wo, egal wie. Halten Sie sich nicht zu sehr mit technischen Details auf. Es ist absolut kein Problem, bei null anzufangen und mit der Zeit dazuzulernen. Wenn Sie Honigbienen unterstützen möchten, sollten Sie jetzt und bei sich selbst beginnen!

KAPITEL EINS

WARUM BIENEN HILFE BENÖTIGEN

Honigbienen besiedeln seit etwa 100 Millionen Jahren die Erde. Und noch nie war das Überleben für sie schwieriger als heute. Unter Tausenden von Bienenarten haben sich die Honigbienen zu einer Art entwickelt, von der das Leben von Pflanzen und Menschen weltweit in hohem Maße abhängt.

Trotz ihrer enormen Bedeutung ist die Honigbiene heute vielen Bedrohungen ausgesetzt – durch den Verlust ihres Lebensraums, durch den Einsatz von Chemikalien in der Landwirtschaft und durch die Folgen des Klimawandels sowie durch eine Vielzahl heimischer und eingeschleppter Bakterien, Pilze, Parasiten und Fressfeinde, von denen jeder einzelne das Potenzial besitzt, eine ganze Kolonie – teilweise innerhalb von Stunden – zu vernichten.

Als größter Bienenschädling gilt unter Wissenschaftlern und Bienenzüchtern die Varroa-Milbe (*Varroa destructor*). Dieser blutsaugende Parasit bohrt sich durch das Exoskelett der Biene (ihren schützenden Panzer) und bereitet damit weiterer Krankheiten den Weg. Die Westliche oder Europäische Honigbiene (*Apis mellifera*), die weltweit am häufigsten domestizierte Bienenart, ist nicht in der Lage, die Schädlinge selbst abzuwehren. Angesichts derartiger Bedrohungen sollte jeder gute Bienenzüchter heutzutage nicht einfach nur Bienenhalter sein. Er muss seinen Bienen Schutz bieten, sich über Gefahren auf dem Laufenden halten und aktiv dafür sorgen, dass die Bienenstöcke intakt bleiben, ohne dabei auf Chemie zurückgreifen zu müssen.

Die Gesundheit der Honigbienen hängt – wie bei jeder anderen lebenden Kreatur auch – von einem ausreichenden und vielseitigen Nahrungsangebot ab, das sie widerstandsfähig macht. Dies führt uns zur nächsten tief greifenden Bedrohung für unsere Bienen: den Verlust an Nahrungsquellen.

In vielen Gegenden der Welt fördert die moderne Landwirtschaft hauptsächlich Monokulturen. Dies bedeutet, dass große Gebiete mit einer einzelnen Fruchtsorte bepflanzt werden. Dieser intensive Landbau, dem häufig auch Bäume und Hecken zum Opfer fallen, führt bei Honigbienen häufig zu einer eingeschränkten Versorgungssituation und erfolglosen Sammelflügen. Diese Entwicklung ist seit dem Zweiten Weltkrieg zu beobachten. Studien belegen, dass seither über 97 Prozent der Wiesen verschwunden sind, und damit auch Wald-, Heide- und Heckenland. Heute will man durch eine Verbesserung der landwirtschaftlichen Methoden dieser Entwicklung entgegenwirken, so etwa durch einen verringerten Einsatz von Pestiziden, die Anpflanzung von Bienenweiden und durch Fruchtwechsel, doch all dies reicht nicht aus, um die Verluste auszugleichen.

In den Städten ist das Problem etwas anders gelagert. Die Imkerei ist inzwischen zu einer beliebten Freizeitbeschäftigung geworden. Amtlich erhobene Daten belegen, dass die Zahl der Bienenstöcke zwar steigt, die urbanen Grünflächen jedoch zurückgehen. Freiflächen werden für den Wohnungsbau aufgekauft, Gärten zugepflastert, Auffahrten und Wege asphaltiert. Somit wird das Nahrungsangebot für Honigbienen immer weiter reduziert. So gehen beispielsweise im Großraum London jährlich Grünflächen in der zweieinhalbfachen Größe des Hyde Parks verloren.

Dennoch gibt es Grund zur Hoffnung. Denn jeder von uns kann seinen Teil beitragen, Honigbienen zu unterstützen, indem wir Vielfalt und Verfügbarkeit des Nahrungsangebots erhöhen. Noch nie war dies so wichtig wie heute. In diesem Buch erfahren Sie, wie einfach es sein kann. Beginnen Sie, sich um das Wohl der Bienen zu kümmern. Sie werden erstaunt sein, was Sie dabei erreichen können!

KAPITEL ZWEI

VON PFLANZEN,
BIENEN
UND
MENSCHEN

Honigbienen haben sich – ebenso wie die Pflanzen – Millionen von Jahren vor dem Menschen entwickelt. Im Wettrennen um die Verbreitung der eigenen Gene wurden Blüten immer anziehender für Bienen und andere bestäubende Insekten. Bienen und Pflanzen überstanden gemeinsam alle Herausforderungen der Zeit – bis der moderne Mensch kam und begann, die Natur zu verändern.

Vor etwa 100 Millionen Jahren (93 Millionen Jahre vor dem Auftauchen des ersten *Homo sapiens*) begannen Pflanzen und Bienen eine effiziente Koevolution. Ihre Geschichte beginnt in der Kreidezeit, als die Dinosaurier noch ein wesentlicher Bestandteil des Ökosystems waren. Einige windbestäubte Pflanzen entwickelten Blüten, um Insekten anzulocken, die als Befruchter deutlich verlässlicher waren als die mit dem Wind fliegenden Pollen. Anfangs lockten sie die Insekten lediglich mit auffälligen Farben, Blütenblättern und ansprechenden Düften an. Später produzierten sie zusätzlich Nektar – eine unwiderstehliche zuckerhaltige Mahlzeit.

Fossilienfunde aus der Kreidezeit zeigen frühe Blütenpflanzen, die sogenannten Bedecktsamer oder Angiospermen, mit einer deutlich erkennbaren Honigbiene (*Melittosphex burmensis*, gefunden 2006 in Myanmar). Perfekt aufeinander abgestimmt, gediehen sie in einer symbiotischen Beziehung und überlebten das Massensterben von Flora und Fauna, das vor 65 Millionen Jahren das Ende der Dinosaurier einläutete.

Durch die Entwicklung einzigartiger körperlicher Merkmale wie den Honigmagen zur Verarbeitung des Nektars oder sogenannter Körbchen zum Sammeln der nahrhaften Pollen begannen sich die Bienen deutlich von ihren Vorgängern, den Wespen, zu unterscheiden. Außerdem fingen sie damit an, Kolonien zu bilden und Vorräte anzulegen. Sie entwickelten eine Arbeitsteilung und eine charakteristische Tanzsprache, die wir auch heute noch sehen.

Unter den derzeit geschätzt 25.000 Bienenarten gibt es weltweit nur sieben Honigbienenarten. Als einzige ihrer Art überwintern sie in Kolonien und leben dabei von dem Honig, den sie in wächsernen Waben lagern. *Apis mellifera*, die erfolgreichste aller Honigbienen und die bis heute am häufigsten gehaltene Art, nistete ursprünglich in natürlichen Hohlräumen und hat sich vermutlich vor zwei bis drei Millionen Jahren von Asien nach Europa und Afrika ausgebreitet. Einer der ältesten Vorfahren des Menschen, der *Homo habilis*, nutzte zu jener Zeit in Afrika Wildbienennester als Ergänzung seiner Ernährung. Dies war der Ursprung aller heutigen Genussmittel.

Im Laufe der Zeit führten Blumen und Bienen ungestört ihre Symbiose fort, bis schließlich, vor 12.000 bis 11.000 Jahren, der *Homo sapiens* nach und nach damit begann, Pflanzen und Tiere gezielt auszuwählen und zu züchten. Damit nahm eine große ökologische Umwälzung ihren Anfang. Das Leben sollte sich von da an signifikant verändern – nicht nur für die Honigbienen, sondern auch für die Blütenpflanzen.

Überall dort, wo Honigbienen zu finden waren, ernteten die Menschen den Honig wilder Kolonien und lernten schließlich, wie man Bienen hält – erst indem sie ihnen Brutplätze anboten, dann durch den Bau spezieller Behausungen in Töpfen oder Körben. Dies waren die ersten Bienenstöcke. Hieroglyphen aus der Zeit der Ersten Dynastie des Alten Ägypten ca. 3000 v. Chr. zeigen Bienen, die in horizontal zu wandartigen Strukturen gestapelten Tonröhren gehalten wurden.

Bienenstock aus der römischen Antike, etwa 218 v. Chr.

Ein WBC-Bienenstock, 1890 erfunden von William Butler Carr, der auch heute noch weit verbreitet ist

Seitdem hat sich jede Kultur weltweit mit der Imkerei beschäftigt. Honig und Bienenwachs nutzte man für verschiedenste Zwecke – beispielsweise als Nahrungsmittel oder für religiöse Zeremonien, zum Einbalsamieren, für Kosmetik, Kunst und vieles mehr. Die ältesten Kupfergefäße, die in Wachsformen gegossen wurden, fand man in Israel, eingewickelt in Schilfmatten, die anhand der Karbonanalyse auf eine Zeit zwischen 3500 und 2800 v. Chr. datiert werden konnten.

Die Beziehung zwischen Menschen und Bienen war auf Pflege und Schutz ausgerichtet. Auf ganz anderen Grundlagen basierte die Beziehung des Menschen zu Blütenpflanzen. Denn der Mensch begann damit, seine ursprünglich wild wachsenden Nahrungspflanzen großflächig anzubauen und die Samen der hierfür bevorzugten Pflanzen zu ernten und gezielt wieder auszusäen. Der Übergang vom nomadisch lebenden Jäger und Sammler zum sesshaften Bauern mit einer auf Vorratshaltung ausgerichteten Wirtschaftsweise ermöglichte dem Menschen die Entwicklung von ersten Hochkulturen.

Mit dem Blick eines Künstlers, der bereits unseren frühesten Vorfahren gegeben war, erschuf er kunstvolle Höhlenmalereien und reich verziertes Töpferwerk. Diese künstlerische Schöpferkraft ist – ebenso wie unsere stete Suche nach dem Schönen und Einzigartigen – ein angeborener Teil der menschlichen Fähigkeiten. Es war nur eine Frage der Zeit, bis sich das schöpferische Augenmerk auch auf die zahlreichen Wildblumen richtete – die Nahrungsgrundlage der Honigbienen.

Grabmalereien aus dem alten Ägypten und Überreste von Blumenschmuck, die an Mumien gefunden wurden, belegen, dass schon die alten Ägypter sowohl heimische als auch eingeführte Pflanzenarten kultivierten, darunter Kornblumen, Gänseblümchen, Chrysanthemen, Stockrosen, Klatschmohn, Jasmin und Rosen. Schon damals selektierten die Menschen Blumen bezüglich bestimmter Merkmale wie Farbe, Duft, Größe und Blütenform. Daraus entwickelte sich schließlich an verschiedenen Orten der Erde – etwa dem Mittleren und Nahen Osten bzw. China – die Züchtung spezieller »Gartenblumen«.

Mit dem Fortschreiten der Möglichkeiten der Zucht von Kräutern, Früchten, Gemüsearten und Gartenblumen durch Einfuhr, Selektion und zufällige oder absichtliche Kreuzung entwickelte sich die Gärtnerei Ende des 16. Jahrhunderts in Europa – gefördert durch wohlhabende Geldgeber – zu einer regelrechten Kunstform. Die Wildformen vieler Blumenarten wurden so zum prestigeträchtigen Versuchsobjekt der Wohlhabenden. So wurden etwa Tulpen – von den osmanischen Türken schon lange Zeit gezüchtet und veredelt – nach Europa eingeführt und von den Holländern in gestreifte, gefranste, vielblättrige, spektakulär gefärbte lebende Kunstwerke verwandelt. Diese Pflanzen waren so begehrt, dass sie schließlich die sogenannte Tulpenmanie auslösten – den weltweit ersten Luxusgüter-Boom. 1633 erzielte eine Knolle der Sorte 'Semper Augustus' den unfassbaren Wert von umgerechnet etwa 70.000 Euro. Anfang des Jahres 1637 erlebte der Preisanstieg seinen Höhepunkt (gefolgt von seinem anschließenden Niedergang). Auch um andere Pflanzenarten wie Hyazinthen, Aurikel und Orchideen entstand eine ähnliche Hysterie.

Problematisch für Honigbienen ist dabei, dass Pflanzen auch heute noch nach ähnlichen Gesichtspunkten gezüchtet werden und sich damit von der jahrhundertealten Wildblütenform immer weiter entfernen. Wir erschaffen immer farbenprächtigere, größere, kleinere, widerstandsfähigere, früher oder später blühende Formen mit neuen oder immer komplexeren Blütenblattstrukturen. Dies geht jedoch meist zulasten des Pollen- und Nektarangebots. Denn viele dieser Blumen sind unfruchtbar. Infolgedessen bietet ein moderner Garten mit seinen prächtigen Schmuckpflanzen für Honigbienen und viele andere Insekten, die sich über einen langen Zeitraun hinweg an die Wildformen der Blumen angepasst haben, oft nur wenig Nahrung. Um diese Entwicklung nachvollziehen zu können, muss man nur eine Pompon-Dahlie mit ihren dichten, gefalteten Blütenblättern mit der zarten, pollenbeladenen offenen Blüte der Urform vergleichen, die genau so aussieht wie das, was sie eigentlich ist: ein riesiges Gänseblümchen.

Aus diesem Grund haben Wildblumen heutzutage eine so große Bedeutung. Dennoch sollte ihnen nicht das alleinige Augenmerk gelten. Wildblumen sind zwar sehr wichtig, aber sie sind nicht das A und O einer honigbienengerechten Bepflanzung. Dieses Buch wird Ihnen zeigen, dass Sie bei der Auswahl der Pflanzen für Ihren Garten eine fast unbegrenzte Auswahl haben, auch wenn man oft auf ältere, ursprünglichere Sorten zurückgreift. Für Honigbienen geeignete Futterpflanzen gibt es für den kleinsten Balkon und den größten Garten. Wir sollten gemeinsam daran arbeiten, den traditionellen Pakt zwischen Pflanzen, Bienen und Menschen fortbestehen zu lassen.

KAPITEL DREI

ZEHN WICHTIGE DINGE,

die Sie über
Bienenpflanzen
wissen sollten

W enn Sie dieses Buch wieder aus der Hand legen, sollte Ihnen vor allem dieses Kapitel im Gedächtnis bleiben. Denn wenn Sie die folgenden Grundprinzipien beachten, können Sie Ihre eigene Pflanzenauswahl besser planen und darüber hinaus Freunde und Bekannte mit einigen erstaunlichen Fakten zum Thema beeindrucken.

① QUANTITÄT, QUALITÄT UND VIELFALT

Honigbienen benötigen ein ausreichendes Angebot an unterschiedlichen Nahrungspflanzen, um Krankheiten und schädlichen Umweltfaktoren trotzen zu können. Auf jedem Ernteflug besucht eine Honigbiene um die 100 Blüten. Täglich unternimmt sie 10 bis 15 Flüge. Dies macht also mindestens 1000 Blüten am Tag – und das vorsichtig geschätzt. An einem produktiven Tag kann eine Honigbiene bis zu 5000 Blüten besuchen.

② VIER-JAHRESZEITEN-PFLANZUNG

Die wichtigste Zeit für Honigbienen liegt zwischen März und September. Davon unabhängig fliegen sie jedoch immer dann aus, wenn die Temperatur über 10 °C liegt – selbst im tiefsten Winter. Daher sind früh- und spätblühende Pflanzen von besonders großer Bedeutung. Idealerweise sollten die Blütezeiten in Ihrem Garten möglichst gleichmäßig übers Jahr verteilt sein, damit stets einige Pflanzen in Ihrem Garten blühen.

③ WENIGER MÄHEN, UNKRAUT AKZEPTIEREN

Viele sogenannte Wiesenunkräuter sind für Bienen wertvolle Weidepflanzen. Mähen Sie Ihren Rasen daher nicht zu oft und lassen Sie in einigen Ecken Ihres Gartens Wildwuchs zu. So können sich nützliche Arten wie Gänseblümchen, Klee und vor allem Löwenzahn vermehren und den Bienen im Frühjahr als lebenswichtige Nektarquelle dienen.

4 BIENEN SEHEN BLAU

Die Photorezeptoren in den Augen der Honigbienen reagieren auf Gelb, Blau und Grün bis ins ultraviolette (UV-)Lichtspektrum. Daher sind blaue, violette und weiße Blumen für Bienen besonders attraktiv. Auch orangefarbene Blüten erkennen sie, die Farbe Rot jedoch nehmen sie als Schwarz wahr, weshalb sie auf rote Blumen weniger ansprechen. Manche Blumen nutzen auch das UV-Licht, um Bienen anzulocken: Das Sonnenlicht wird dabei vom äußeren Rand der Blütenblätter reflektiert, vom nektarreichen Zentrum hingegen absorbiert. Dieser dunkle Fleck zeigt, ähnlich wie bei einer Zielscheibe, den Bienen einen passenden Landeplatz an.

5 BLÜTENTREUE

Honigbienen besuchen auf jedem Sammelflug nur eine einzige Blütensorte. Diese sogenannte Blütentreue bzw. Blütenstetigkeit macht sie zu besonders wertvollen Bestäubern. Pflanzen Sie daher jede Blumenart am besten in größeren Gruppen an, damit die Bienen Energie sparen und ihre Flüge optimieren können.

6 EINHEIMISCH ODER NICHT HEIMISCH?

Honigbienen haben sich in ihrer jeweiligen Heimatregion parallel zu bestimmten Pflanzenarten entwickelt. Und ihre entsprechenden Futterpflanzen sind perfekt an die Herkunftsregionen angepasst. Aus diesem Grund pflanzen viele Gärtner bevorzugt heimische Arten an. Durch den fortschreitenden Klimawandel verändert sich jedoch auch die Flora, und inzwischen werden auch viele nicht heimische Arten von Bestäubern als wertvolle Nahrungslieferanten akzeptiert.

7 AN BÄUME UND STRÄUCHER DENKEN

Bienen besiedeln von Natur aus bevorzugt Bäume, die ihnen auch als Nahrungsquelle dienen. Wenn es der Platz im Garten zulässt, sollte eine bienenfreundliche Bepflanzung stets auch einige nektar- und pollenliefernde Bäume und Sträucher umfassen. Denn ein einziger blühender Lindenbaum bietet Bienen beispielsweise dieselbe Menge an Nahrung wie 3000 Quadratmeter Wildblumenwiese (die Größe eines halben Fußballfelds)!

8 EINFACH IST BESSER

Da ihre Zunge kürzer ist als die von Hummeln oder Schmetterlingen, gelangen Honigbienen bei Blüten mit komplexen Strukturen oftmals nicht an den Nektar heran. Besonders auffällige, hochgezüchtete Blüten liefern ihnen oft nur wenig bis gar keine Nahrung. Halten Sie sich daher bei der Bepflanzung generell möglichst nah an die ursprüngliche Wildform oder an einfachere Blütenformen, bei denen Nektar und Pollen leicht zugänglich sind.

9 WASSER, WASSER UND NOCHMALS WASSER

Bienen legen in ihrem Bienenstock keine Wasservorräte an. Stattdessen suchen sie bei Bedarf nach Wasserquellen, die teilweise auch recht außergewöhnlich sein können. Wenn Sie keinen Teich besitzen, ist beispielsweise eine mit Kieselsteinen gefüllte Schale zum Auffangen von Regenwasser ein guter Ersatz. Das Wasser dient u. a. zur Regulierung der Temperatur im Brutnest: Bei heißen Temperaturen versorgen Sammlerinnen den Bienenstock mit Wasser, mit dem die Bereiche zwischen den Brutzellen befeuchtet werden. Arbeitsbienen kühlen die mit Wasser benetzten Bereiche durch Fächeln (Flügelschlagbewegungen), was die Verdunstung begünstigt. Damit der im Bienenstock gelagerte Honig verzehrt werden kann, muss er außerdem zunächst verflüssigt werden. Dies ist oftmals der Grund dafür, dass Bienen an wärmeren Wintertagen zum Wassersammeln ausfliegen.

10 BIOLOGISCH GÄRTNERN

Informieren Sie sich über biologische Gartenbaumethoden. So gibt es zahlreiche umweltfreundliche Alternativen zu chemischen Mitteln. Ist der Einsatz von Chemikalien im Garten nicht zu umgehen, sollten Sie die Herstellerangaben beachten, um eine Überdosierung zu vermeiden. Kaufen Sie Samen, Pflanzen und Knollen möglichst bei Bio-Gärtnereien. So können Sie sichergehen, dass diese nicht mit Insektiziden behandelt wurden.

KAPITEL VIER

PFLANZEN-
ETIKETTEN
VERSTEHEN

D ieses Kapitel richtet sich speziell an Gartenneulinge. Insgesamt ist dieses Buch möglichst klar und einfach geschrieben. Es gibt ein paar einfache Grundregeln, die für eine erfolgreiche Gartenarbeit von entscheidender Bedeutung sind. Letztlich gilt: Je mehr Sie über Ihr gärtnerisches Ziel und die entsprechenden Pflanzen wissen, desto besser können Sie Ihre Auswahl treffen. Kurz gesagt, geht es dabei darum, die Pflanzenetiketten beim Kauf richtig zu lesen.

SONNIG ODER SCHATTIG?

Die meisten Pflanzen sind recht wählerisch, was ihren Standort betrifft. Manche gedeihen nur in der prallen Sonne, andere ziehen Halbschatten vor und einige fühlen sich im Schatten am wohlsten. Ein sonniger Standort bedeutet, dass die Pflanze mindestens sechs Stunden am Tag direktes Sonnenlicht benötigt. Pflanzen für den Halbschatten benötigen drei bis sechs Stunden direkte Sonneneinstrahlung und schattig heißt, die Pflanze kommt mit weniger als zwei Stunden Sonne am Tag aus.

Am liebsten sammeln Honigbienen bei sonnigem Wetter. Dies hat zwei Gründe: Der erste ist, dass sie – anders als Hummeln, die einen sehr pelzigen Körper haben – kälteempfindlicher sind. Der zweite Grund ist, dass der Nektar bei warmen Temperaturen deutlich flüssiger ist, weshalb Bienen Pflanzen an sonnigen Standorten bevorzugen.

Es lohnt sich daher, die verschiedenen Gartenbereiche bei der Planung genau zu begutachten und sonnige wie schattige Bereiche in einer Karte festzuhalten. Es ist von Vorteil, diese verschiedenen Bereiche zu kennen, um die zum jeweiligen Standort passenden Pflanzen auszuwählen. Beim Pflanzenkauf – ob im Internet oder im Gartencenter – erhalten Sie die entsprechenden

Informationen zum bevorzugten Standort der jeweiligen Pflanzen. Darüber hinaus lassen sich die Standortansprüche leicht im Internet oder bei befreundeten Gärtnern recherchieren.

DIE RICHTIGE GRÖSSE

Eine weitere wichtige Information, die Sie beim Pflanzenkauf beachten sollten, ist die endgültige Wuchshöhe und -breite. Ziehen Sie hierzu das Pflanzenetikett oder eine verlässliche Beschreibung (z. B. im Internet) zurate. Wichtig ist nicht nur, wie hoch und breit die Pflanze im ausgewachsenen Zustand sein wird, sondern auch, wie viel Wurzelraum und Pflanzabstand sie benötigt und wie viele Jahre es dauern wird, bis sie die maximale Größe erreicht. Die meisten Pflanzen stehen nicht gerne beengt, und Zurückschneiden funktioniert auch nur bedingt. Wenn Ihre Wunschpflanze voraussichtlich über den zur Verfügung stehenden Raum hinauswachsen wird, sollten Sie nach einer kleinwüchsigeren Variante suchen. Denn von vielen Sorten gibt es auch kleinere Züchtungen.

»RÜPELPFLANZEN«

Einige der in diesem Buch vorgestellten Pflanzen sind richtige »Wildfänge«, die Ihren Garten am liebsten gleich vollständig in Besitz nehmen würden – entweder durch ihr ausuferndes Wurzelwerk (z. B. Beinwell oder Minze) oder indem sie selbstaussäend sind (z. B. Klatschmohn). Wenn Sie über viel Platz verfügen, mag dies noch unproblematisch sein, doch in einem kleinen Garten müssen Sie allzu wild wuchernde Arten zähmen, entweder durch das Einpflanzen in Töpfen, die Sie dann in ein Blumenbeet einsetzen können, oder indem Sie die Samenkapseln der Pflanzen entfernen, bevor sie reif sind. Auch einen möglichen Hang zum Wuchern von bestimmten Pflanzenarten können Sie mithilfe einer Vorabrecherche (z. B. im Internet) in Erfahrung bringen.

DIE PASSENDE BODENART

Bei Pflanzen in Pflanzgefäßen lässt sich das Substrat in der Regel problemlos den Bodenansprüchen der jeweiligen Pflanze anpassen. Wenn Sie jedoch im Garten ein Beet anlegen, ist es hilfreich, die vorhandene Bodenbeschaffenheit zu kennen. Vom leichten Sandboden bis hin zum schweren Lehmboden können ganz unterschiedliche Bodenarten vorherrschen, wobei es viele Zwischenstufen gibt. Mithilfe einer Bodenanalyse können Sie herausfinden, welche Bodenbeschaffenheit in Ihrem Garten vorliegt und welche Möglichkeiten zur Bodenverbesserung sinnvoll sind. Anleitungen hierzu finden Sie im Internet bzw. bei Gartenbauvereinen. Dies ist leichter, als man vielleicht denkt, und trägt entscheidend zum Erfolg der Bepflanzung bei.

Auch die chemischen Eigenschaften Ihres Bodens spielen eine wichtige Rolle: Der pH-Wert gibt an, ob der Boden in Ihrem Garten sauer oder basisch ist. Pflanzen stellen unterschiedliche Ansprüche an den pH-Wert: So bevorzugt Heidekraut (Erika) beispielsweise einen sauren Boden, Ehrenpreis benötigt hingegen einen basischen Boden. Mit einem Bodentestset, erhältlich im Gartencenter oder im Onlinehandel, können Sie den pH-Wert Ihres Gartenbodens einfach und unkompliziert ermitteln.

Ist der Boden für die gepflanzten Gewächse ungeeignet, besteht die Gefahr, dass die Pflanzen eingehen, oder Sie müssen viel Zeit darauf verwenden, die Bodenqualität zu verbessern. Machen Sie sich vorab mit der Bodenbeschaffenheit im eigenen Garten vertraut, um die jeweils passenden Pflanzen auszuwählen.

PFLANZEN-GRUNDWISSEN

Einige Pflanzen sind mehrjährig, andere halten sich nur eine Vegetationsperiode. Manche erneuern ihre Blätter stetig und unauffällig, andere werfen ihr Laub im Winter vollständig ab.

Einige lassen sich relativ problemlos über den Winter bringen, andere erfordern vom Gärtner etwas mehr Mühe bei der Überwinterung. Im Folgenden finden Sie ein kurzes Glossar der Fachbegriffe diese Unterschiede betreffend.

EINJÄHRIGE PFLANZEN

Diese Pflanzen haben zwar nur eine einjährige Lebensdauer, blühen dafür aber meist sehr üppig und bringen sofort Glanz in jeden Garten. Unter den Einjährigen gibt es selbstaussäende Arten, die sich jedes Jahr aus ihren eigenen Samen erneuern. Einjährige bieten Honigbienen oft ein gutes Pollen- und Nektarangebot, blühen aber meist erst ab dem Hochsommer und tragen so wenig zur Versorgung der Bienen im Frühjahr bei.

AUSDAUERNDE PFLANZEN

Sie werden umgangssprachlich auch als mehrjährige Pflanzen bezeichnet und machen einen Großteil der Bepflanzung der meisten Gartenanlagen aus, da sie von Jahr zu Jahr weiterwachsen. Gärtner bezeichnen allerdings nur solche Pflanzen als Mehrjährige, die älter als zwei Jahre werden. Viele ausdauernde Pflanzen blühen schon im Frühjahr und liefern Honigbienen so Nahrung, die sie für ihre Vermehrung innerhalb der Kolonien so dringend benötigen. Diese Pflanzen können laubabwerfend oder immergrün (siehe Seite 34) sein. Zu den langlebigen Pflanzen gehören neben Bäumen, Sträuchern, Kletterpflanzen und Zwiebelgewächsen auch einige krautige Pflanzen, die als Stauden bezeichnet werden.

Idealerweise schaffen Sie in Ihrem Garten eine Grundbepflanzung aus ausdauernden Pflanzen und setzen einige einjährige Arten hinzu, um die Bepflanzung farbenfroher und abwechslungsreicher zu gestalten. Damit bieten Sie Bienen über mehrere Jahreszeiten hinweg Nahrung.

LAUBABWERFEND

Bäume, Sträucher und Kletterpflanzen verlieren zu einer bestimmten Jahreszeit ihre Blätter. Bei Stauden stirbt in der Regel der gesamte oberirdische Teil ab. In gemäßigten Klimazonen geschieht dies normalerweise im Herbst.

IMMERGRÜN

Bei immergrünen Bäumen, Sträuchern, Kletterpflanzen und einigen Stauden werden die Blätter oder Nadeln kontinuierlich abgeworfen und neu gebildet. Sie bleiben das ganze Jahr über grün.

WINTERHART

Der Begriff »Winterhärte« bezeichnet die Überlebensfähigkeit einer Pflanze unter ungünstigen Witterungsbedingungen. Eine winterharte Pflanze übersteht kalte Winter selbst bei starkem Frost und extremen Temperaturschwankungen unbeschadet, auch ohne größere Schutzmaßnahmen. Die Kältetoleranz wird in Abstufungen angegeben, die Sie beim Pflanzenkauf in Beschreibungen wie »bedingt winterhart« oder »frostempfindlich« (also nicht winterhart) finden. Für Anfänger empfiehlt es sich, erst einmal winterharte Pflanzen im Garten anzusiedeln.

BLÜTEZEITEN

Der genaue Zeitpunkt, zu dem eine bestimmte Pflanze blüht, kann je nach lokalen Klimaverhältnissen um mehrere Wochen abweichen. Generell definiert man in der Gartenwelt die Blütezeiten wie folgt:

FRÜHLING: März, April, Mai

SOMMER: Juni, Juli, August

HERBST: September, Oktober, November

WINTER: Dezember, Januar, Februar

Pfingstrose

KAPITEL FÜNF

NEKTAR, POLLEN UND PROPOLIS

Honigbienen sammeln drei wichtige Pflanzenstoffe: Nektar, Pollen und Harz. Die Honigbiene verwandelt das Gesammelte in beachtenswerte Substanzen. Diese erfüllen im Bienenstock wichtige Aufgaben und werden vom Menschen seit Jahrhunderten verwendet.

NEKTAR (HONIG)

Nektar, der Rohstoff, aus dem der Honig hergestellt wird, ist ein nahrhaftes, zuckerreiches Sekret aus Pflanzendrüsen, den sogenannten Nektarien. Den Bienen dient er als lebenswichtiges Nahrungsmittel. Neben Kohlenhydraten enthält Nektar auch zahlreiche andere Nährstoffe wie Vitamine, Lipide, essenzielle Öle und Mineralien. Wenn eine Biene beim Sammeln nektarhaltige Blüten besucht (die weit seltener sind als pollenhaltige), taucht sie ihren Rüssel wie einen Strohhalm hinein und saugt den Nektar in den sogenannten Honigmagen. Hier zerlegen Enzyme aus dem Speichel der Bienen die komplexen Zuckermoleküle (Sucrose) in einfachen Zucker (Glucose und Fructose). Dieser Vorgang wird als Invertierung bezeichnet. Erst nachdem sie hundert oder mehr Blüten besucht hat, fliegt die Biene nach Hause in den Stock. Dort wird sie schon von den Stock- oder Arbeitsbienen erwartet. An diese Bienen geben die Sammlerinnen den Nektar weiter. Dieser Austausch von Nahrung wird als Trophallaxis bezeichnet. Jede Empfängerbiene führt den Invertierungsvorgang dann in ihrem eigenen Honigmagen fort.

Was vielen nicht bekannt ist: Bienen stellen keine besonderen Ansprüche an die Herkunft ihrer Zuckerversorgung. So produzieren etwa Blattläuse ein zuckerhaltiges Sekret, den Honigtau, den Bienen ebenfalls von den Pflanzenblättern sammeln. Daraus entsteht der dunkle, aromatische, dickflüssige Waldhonig, der in vielen Ländern sehr begehrt und entsprechend teuer ist.

Erreicht der Nektar den Bienenstock, enthält er einen Wasseranteil von bis zu 80 Prozent. Um die Honigvorräte anzulegen und eine Gärung zu verhindern, beginnen die Stockbienen sofort damit, diesen Wassergehalt zu reduzieren. Hierfür geben sie den Nektar tropfenweise aus dem Honigmagen ab und spannen ihn immer wieder zwischen Mund und Rüssel auf, damit er durch den Kontakt mit der Luft trocknet (»Ausschütteln«), bis die richtige Konsistenz erreicht ist, um den eingedickten Nektar in einer Zelle der Honigwabe zu speichern. Dann wird durch Flügelschlagen »gefächelt«, damit weiteres Wasser aus den Zellen verdunstet. Dabei sinkt der Wassergehalt auf ca. 17 Prozent. Hierbei erzeugen Tausende von Bienenflügeln, die wie ein riesiger Ventilator wirken, ein Summen, das sich im Sommer aus einem geschäftigen Bienenstock vernehmen lässt. Zum Schluss wird die Zelle mit einer Schicht Bienenwachs versiegelt. Geschützt vor Luft und Wasser, ist der darin enthaltene Honig unbegrenzt haltbar.

Erwachsene Bienen ernähren sich – draußen auf der Wiese und beim Nahrungsaustausch untereinander – von Nektar. Im Winter oder anderen Notzeiten wird der eingelagerte Honig mit Wasser verdünnt und im Bienenstock verbraucht. Verflüssigter Honig dient – neben Nektar und Pollen – auch dem Verfüttern an die Larven. Gute Imker lassen den Honigvorrat, der benötigt wird, um die Kolonie in trachtlosen und trachtarmen Zeiten zu ernähren, unangetastet. Dies entspricht einer Menge von mindestens 20 Kilogramm pro Stock. Glücklicherweise produzieren Honigbienen jedoch meist mehr Honig, als sie selbst benötigen, vor allem wenn ihnen ausreichend Platz zur Bevorratung zur Verfügung steht. Aus Respekt vor den Bienen und aus Gründen der Nachhaltigkeit sollte ausschließlich der überschüssige Honig entnommen werden.

Honig ist in seinem natürlichen Rohzustand ein wahres Wunder der Natur. Er steckt randvoll mit Nährstoffen, darunter

Aminosäuren (Proteine), Vitamin A, B, C, D, E und K sowie zahlreichen Mineralstoffen und Spurenelementen.

Honig wird seit jeher für seine Heilwirkungen geschätzt. Die moderne Medizin befindet sich derzeit in einem Prozess der Rückbesinnung auf das althergebrachte Wissen und hat damit begonnen, die Wirkungsweisen des Honigs bei verschiedenen Krankheitsbildern zu erforschen. So wird beispielsweise Manuka-Honig inzwischen weltweit als der medizinisch wirksamste Honig gepriesen. Doch breiter angelegte Studien zeigen, dass so gut wie jeder naturbelassene Honig seine jeweils eigenen heilwirksamen Eigenschaften besitzt, wozu vor allem seine antibakterielle, antivirale, antioxidative, antimykotische und entzündungshemmende Wirkung gehört.

Honigbienen bevorzugen offene Blütenformen mit einer Lage Blütenblätter

Genau jene Eigenschaften, die den Honig so köstlich und wertvoll machen, führen allerdings auch zu seiner Vermarktung als Industrieprodukt. So gehört Honig (wie auch Olivenöl und Wein) zu den am stärksten industriell verarbeiteten Nahrungsmitteln der Erde und leidet unter diesen kommerziell ausbeuterischen Produktionsmethoden, infolge derer ein Großteil seines Nährstoffgehalts und seiner Wirkstoffe zerstört werden. Zu den industriellen Herstellungsmethoden gehören das Mischen von Honig aus verschiedenen Quellen, das Strecken mit billigen Süßungsmitteln wie Maissirup, die Pasteurisierung, die wertvolle Enzyme und Aminosäuren zerstört, und die Mikrofiltration, bei der wertvoller Pollen herausfiltert wird, weil er zu einer »nicht erwünschten« Kristallisierung führt. Das Filtern von Pollen eliminiert auch die DNS (Erbsubstanz) der ihn liefernden Pflanzen. Kaufen Sie daher möglichst nur naturreinen Honig aus vertrauenswürdigen Quellen.

POLLEN

Die meisten Pflanzen vermehren sich durch Bestäubung, also die Übertragung von Pollen (den männlichen Keimzellen der Pflanzen, die in den Staubgefäßen der Samenpflanzen gebildet werden) auf die Narbe, also den weiblichen Teil der Blüte. Die Pollenkörner heften sich an den Pelz der Honigbiene an und werden so von ihr zwischen verschiedenen Pflanzen derselben Art übertragen, wodurch es zu einer Befruchtung kommt.

Honigbienen sammeln den Pollen zudem als Nahrung für den Bienenstock. Da ihre Ernährung ausschließlich auf pflanzlichen Stoffen beruht, sind Pollen ihre einzige Proteinquelle. Pollen enthalten zudem Lipide, Mineralien, Vitamine, Aminosäuren und viele andere wertvolle Inhaltsstoffe. Da ausgewachsene Bienen nur eine sehr geringe Menge an Proteinen benötigen, dient Pollen hauptsächlich als Futter für die Larven und die frisch geschlüpften Bienen. Bienen besuchen pollentragende Pflanzen und sammeln Pollen in den sogenannten Körbchen an ihren Hinterbeinen. Bienenhalter können anhand der Farbe der Pollen an den Bienenbeinen bestimmen, von welchen Pflanzen sich ihre Bienen gerade ernähren. Die Pollen einzelner Pflanzen unterscheiden sich oft beträchtlich in Größe und Nährwert. Für eine ausgewogene Ernährung der Honigbienen ist eine große Vielfalt unterschiedlicher Pflanzen wichtig.

Stockbienen helfen den Sammlerinnen dabei, ihre Körbchen zu leeren und den Pollen in den Waben einzulagern. Die Bienen drücken die Pollenkörner dabei mit dem Kopf fest in die Zellen, um möglichst viel der wertvollen Nahrung unterzubringen – meist in Nähe der Brutzellen, wo die Eier, Larven und Puppen untergebracht sind. Brutpflegerinnen stellen aus den Pollen das proteinreiche, dickflüssige weiße Gelée royale her. Es dient den jungen Drohnen- und Arbeiterinnenlarven als Futter, vor allem aber findet es bei der Aufzucht der Königinnen Verwendung. Im Bienenstock wird nur relativ wenig Pollen auf einmal gelagert. Deshalb sollten Bienen möglichst das ganze Jahr über Zugang zu pollentragenden Blumen, Bäumen und Büschen haben.

Viele Allergiker schwören auf regionale Pollen als desensibilisierendes Mittel gegen Heuschnupfen. Auch einige Köche und

Pollenkörner

Barkeeper veredeln ihre Rezepte mit dem blumigen Aroma frischer Pollen. Zu derartigen Zwecken kann man hin und wieder eine kleine Menge Pollen entnehmen, indem man eine Pollenfalle am Eingang des Bienenstocks aufstellt. An dieser Pollenfalle werden dann jeweils einige Pollenkörner von den Beinen der eintreffenden Sammlerinnen abgestreift.

BIENENHARZ (PROPOLIS)

Eine der außergewöhnlichsten Substanzen aus dem Bienenstock ist Propolis. Für die Herstellung dieses seit Jahrhunderten für seine medizinische Wirkung hochgeschätzten Stoffs sammeln die Honigbienen Harz von Baumknospen und verwundeten Stämmen verschiedener Bäume. Daher stammt auch sein unverkennbar holzig-harziger Duft.

Das Harz wird mit Speichel, Pollen und Bienenwachs zu Propolis vermischt, der vielseitigsten von Bienen hergestellten Substanz. Bienen verwenden es als Baumaterial, um kleine Öffnungen im Bienenstock zu kitten, seine Stabilität zu erhöhen und Vibrationen zu reduzieren. Aufgrund seiner stark antimikrobiellen, antibakteriellen und antimykotischen Wirkung dient es aber auch der Abwehr von Krankheitskeimen wie Pilzsporen oder Bakterien, die in den Stock eindringen. Bienen verwenden es außerdem, um größere Eindringlinge wie Mäuse, die sie totstechen, aber aufgrund ihrer Größe nicht aus dem Bienenstock hinausbefördern können, zu »mumifizieren«. Indem sie den toten Körper mit einer Propolisschicht überziehen, verhindern sie, dass sich bei der Verwesung Krankheiten ausbreiten. Manche Wildbienenarten bauen sogar Feuerschutzwände aus Propolis, die den Nestern bei Waldbränden einen gewissen Schutz bieten. Mit ihren einzigartigen Heilkräften wird Propolis seit Jahrtausenden vom Menschen verwendet. Sie wird sogar auf weitere medizinische Verwendungsmöglichkeiten hin erforscht.

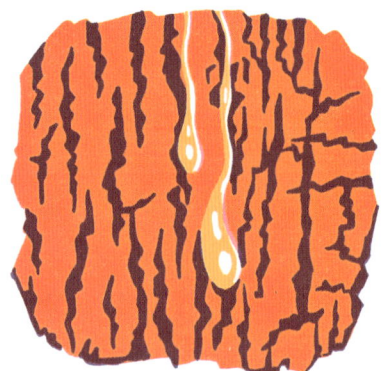

Aus einer Baumrinde tropfendes Harz

BIENENWACHS

Die Herstellung von Wachs ist für Honigbienen eine aufwendige Investition: Sie benötigen die Energie von rund 3 Kilogramm Honig, um nur 450 Gramm dieser wertvollen Substanz herzustellen.

Bienenwachs, das Baumaterial für den Stock, wird ausschließlich von jungen Bienen produziert. Mit speziellen Wachsdrüsen am Hinterleib verwandeln sie Honig in Wachs, das in winzigen durchsichtigen Plättchen ausgeschieden wird. Danach wird es von älteren Bienen gesammelt und weich gekaut, damit es sich besser verarbeiten lässt. Es ist das Material zum Bau der Bienenwabe – eines der außergewöhnlichsten Beispiele für geometrische Präzision in der Natur. Durch die effiziente Form der Bienenwaben wird so wenig Wachs wie nur möglich benötigt. Bienen halten in ihren Brutzellen eine Temperatur zwischen 32 °C und 35 °C aufrecht, was auch der idealen Temperatur für die Wachsbearbeitung entspricht.

Bienen bauen ihre Waben aus tiefen hexagonalen (sechseckigen) Zellen, deren Kanten leicht schräg nach oben verlaufen, damit der flüssige Honig, der darin gelagert wird, nicht herausläuft. Die fertige Wabe ist der Lebensraum des Bienenstocks. Sie ist Kinderaufzuchtstation, Tanzboden und Schauplatz aller anderen komplexen Abläufe in der Kolonie. Wenn ein Bienenschwarm ein neues Zuhause findet, ist der Wabenbau daher die erste Aufgabe, die er in Angriff nimmt.

Aber auch von Menschen wird Bienenwachs seit Jahrhunderten für verschiedenste Zwecke genutzt. In der Antike diente es als Befestigungsmittel für Perücken, als Hautcreme, zur Herstellung von Schreibtafeln, zum Haltbarmachen von Papyrusdokumenten und zum Einbalsamieren von Toten. Die Mönche im Mittelalter schätzten Bienenwachs als saubere Alternative zu Kerzen aus Tierfetten und nutzten seine Heilkräfte für Salben. Auch heute noch wird Bienenwachs bei der Produktion von Lebensmitteln (z. B. als Überzug für Käse) oder Kosmetik, beim Metallguss oder beim Gravieren, für die Herstellung von Arzneimitteln, Klebstoffen, Textilien und vielem mehr eingesetzt.

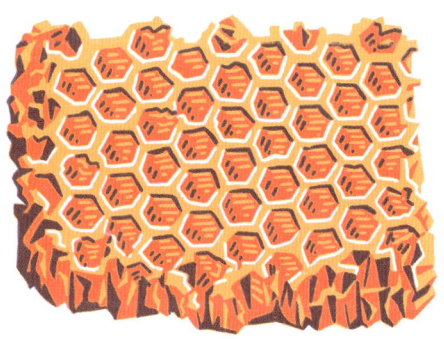

Zum Wabenbau aufgebautes Bienenwachs

KAPITEL SECHS

TIPPS ZUR
PFLANZENWAHL

Die folgenden Pflanzenempfehlungen sind nach ihrer jeweiligen Blütezeit aufgeführt. Sie werden jedoch bemerken, dass einige Arten über mehrere Jahreszeiten hinweg blühen. Von einigen gibt es früh- oder spätblühende Sorten. Einige Pflanzen werden mehrfach genannt. Dies ist entweder der Tatsache geschuldet, dass es verschiedene Varianten gibt, oder aber, dass sie sich besonders gut als Bienenpflanzen eignen.

In den folgenden Listen mit bienenfreundlichen Pflanzen werden die Arten mit ihren jeweils gängigsten Namen genannt. (In einigen Fällen kann dies ihrem lateinischen Namen entsprechen.) Lautet die Empfehlung z. B. einfach nur »Sonnenblume«, kann es verschiedene Sonnenblumenarten geben. Das Internet oder spezialisierte Gartenbücher bieten hier weiterführende Informationen. Auch Mitarbeiter von Gartencentern und Gärtnereien helfen Ihnen bestimmt gerne weiter. Dabei sollten Sie sich jedoch der Tatsache bewusst sein, dass viele moderne, hochgezüchtete Pflanzen nur wenig Nektar für Honigbienen produzieren. Suchen Sie also gezielt nach bienenfreundlichen Arten.

Wenn Sie hingegen keine aufwendigeren Recherchen auf sich nehmen möchten, können Sie sich bei der anfänglichen Auswahl einfach an den »Top-Ten«-Listen in Kapitel 7 (siehe S. 103–107) orientieren.

ANLEITUNG FÜR DIESEN ABSCHNITT

Die Pflanzenauswahl orientiert sich immer auch am zur Verfügung stehenden Platzangebot. Denn wer nur einen kleinen Garten sein Eigen nennt, für den ist eine Liste bienenfreundlicher Sträucher wenig hilfreich. Die folgenden Listen sind daher nach der jeweils zur Verfügung stehenden Fläche eingeteilt – vom Fenstersims bis hin zum ausgedehnten Garten.

Lesen Sie die Empfehlungen für das Unterkapitel, das am besten zu Ihrem jeweiligen Platzangebot passt. In jeder Kategorie werden Pflanzen vorgeschlagen, die von ihrer Größe her für ein bestimmtes Platzangebot geeignet sind und die nicht nur die Bienen, sondern auch das Auge erfreuen.

RICHTIGE PFLANZENWAHL

Man sagt, wenn sich vier Bienenhalter treffen, gibt es zu jedem Thema sechs verschiedene Meinungen. Dass daran etwas Wahres ist, wurde mir nie so klar wie bei der Recherche für dieses Buch. Die Empfehlungen und Meinungen zu bienenfreundlichen Pflanzen gehen unter Experten und Amateuren weit auseinander.

Bei meiner Recherche habe ich daher versucht, so viele Informationsquellen wie möglich abzudecken: mündliche und schriftliche Beobachtungen von Gärtnern und Bienenhaltern, Beiträge in den sozialen Medien, wissenschaftliche Studien und überliefertes Wissen über Wildblumen und das Know-how traditionsreicher Gärtnereien. Aus meiner eigenen Gartenerfahrung in London und Suffolk weiß ich, dass Bienen manchmal sogenannte Bienenmagneten verschmähen und sich stattdessen an kleinen, bescheidenen Pflänzchen laben, die ich andernfalls beinahe übersehen hätte.

Mein einfacher Rat lautet: Wenn Bienen eine bestimmte Pflanze gerne besuchen, sollten Sie mehr davon pflanzen. Wenn Sie hingegen auf einer Pflanze nie auch nur ein einziges bestäubendes Insekt sehen, geschweige denn eine Biene, haben Sie nichts zu verlieren, wenn Sie stattdessen etwas anderes ausprobieren.

PS: Denken Sie daran, nur Pflanzen, Zwiebeln, Samen und Substrate (z. B. Kompost) aus biologischem Anbau zu verwenden, die nicht mit Insektiziden behandelt sind.

FENSTERSIMS UND KLEINER BALKON

Auch wenn Ihnen nur ein schmaler Fenstersims oder ein winziger Balkon zur Verfügung steht, haben Sie in puncto Bienenpflanzen noch reichlich Auswahl.

Kräuter etwa sind ideal für kleine Flächen. Für bestäubende Insekten sind sie jedoch nur interessant, wenn man sie blühen lässt. Damit sie ihr Aroma optimal entfalten, empfehlen Gärtner allerdings, die Triebspitzen abzuschneiden, um das Ausbilden von Blüten zu verhindern. Die beste Lösung aus meiner Erfahrung ist es daher, einen Teil der Kräuter blühen zu lassen und den Rest für die Küche zu reservieren.

Daneben gibt es aber noch zahlreiche andere Optionen, mit denen Sie Honigbienen das ganze Jahr über Nahrung bieten können.

FRÜHLING

BLUMEN: Alpen-Aster, Blaukissen (Aubrieta), Buschwindröschen, Delosperma (Mittagsblume), Duftwicke, Fingerkraut, Gartenhyazinthe, Grasnelke, Heidekraut (Erika), Huflattich, Krokus, Kuhschelle, Milchstern, Nieswurz (Christrose), Schlüsselblume, Schöterich (Erysimum), Traubenhyazinthe, Vergissmeinnicht, Zwerg-Hebe

ESSBARE PFLANZEN: Erdbeere, Kerbel, Rosmarin, Schnittlauch

SOMMER

BLUMEN: Alpen-Aster, Berg-Aster, Delosperma (Mittagsblume), Duftsteinrich, Duftwicke, Fetthenne, Fingerkraut, Grasnelke, Hängepolster-Glockenblume, Heidekraut (Erika), Klee, Kornblume, Schleierkraut (Gypsophila), Schöterich (Erysimum), Skabiose, Sonnenhut, Vergissmeinnicht, Zwerg-Godetie, Zwerg-Hebe

ESSBARE PFLANZEN: Basilikum, Erdbeere, Kapuzinerkresse, Kerbel, Majoran, Minze, Oregano, Ringelblume, Rosmarin, Salbei, Schnittlauch, Thymian, Zitronenverbene, Zwerglavendel

links: Vergissmeinnicht
rechts: Aster

HERBST

BLUMEN: Alpenveilchen, Berg-Aster, Delosperma (Mittagsblume), Fetthenne, Heidekraut (Erika), Herbst-Löwenzahn, Herbstzeitlose, Skabiose, Sonnenhut, Zwerg-Godetie, Zwerg-Hebe

ESSBARE PFLANZEN: Kapuzinerkresse, Majoran, Oregano, Ringelblume, Rosmarin

VON WINTER BIS FRÜHLING

Der Winter ist eine magere Zeit, in der die Pflanzenauswahl deutlich geringer ausfällt – vor allem, wenn man wenig Raum zur Verfügung hat. Die Lösung ist, eine größere Anzahl an Pflanzen derselben Art eng zusammenzupflanzen: Diese sehr spät oder sehr früh blühenden Arten sehen in dichten Büscheln besonders attraktiv aus. Indem Sie die verschiedenen Arten in Gruppen pflanzen, erleichtern Sie den Honigbienen außerdem die Arbeit, wenn sie an wärmeren Tagen zum Sammeln ausfliegen.

 BLUMEN: Alpenveilchen, Duftveilchen, Heidekraut (Erika), Krokus, Nieswurz (Christrose), Schneeglöckchen, Schöterich (Erysimum), Stiefmütterchen, Wiesen-Schaumkraut, Winterling

links: Stiefmütterchen
rechts: Schneeglöckchen

INNENHOF, VERANDA UND TERRASSE

Selbst der kleinste Innenhof und die schmalste Terrasse bieten zahlreiche Begrünungsmöglichkeiten – sei es eine Wanne mit Kräutern, Blumen oder kleinen Sträuchern oder eine blühende Kletterpflanze, die an der Wand oder an einem Spalier emporrankt. Sie können aber auch eine »grüne Wand« pflanzen oder Gemüse im Topf züchten (siehe Seiten 83 und 87).

Zu den Vorteilen von Pflanzgefäßen gehört es, dass Sie die Töpfe einfach gruppieren und umstellen können, um den idealen Standort für Ihre Pflanzen zu finden oder um Ihren Außenraum dekorativ zu gestalten. Und da Sie nicht in Gartenerde pflanzen, können Sie die Substratmischung selbst bestimmen und dabei auf die Ansprüche verschiedener Pflanzen abstimmen.

FRÜHLING

BLUMEN: Blaukissen (Aubrieta), Buschwindröschen, Delosperma (Mittagsblume), Duftwicke, Gartenhyazinthe, Grasnelke, Huflattich, Kaukasus-Gämswurz, Krokus, Kuhschelle, Mohn, Nieswurz (Christrose), Schlüsselblume, Schöterich (Erysimum), Storchschnabel (Geranium), Taubnessel, Traubenhyazinthe, Vergissmeinnicht, Zierlauch (Allium)

KLETTERPFLANZEN: Blauregen (Wisteria), Clematis

KOMPAKTE STRÄUCHER: Berberitze, Buchsbaum, Fingerkraut, kompakte Hebe-Arten, Heidekraut (Erika), Mahonie, Orangenblume, Skimmie

ESSBARE PFLANZEN: Borretsch, Erdbeere, Kerbel, Rosmarin, Schnittlauch

KLETTERPFLANZEN IN TÖPFEN:
Kletterpflanzen benötigen viel Platz für ihre Wurzeln. Wählen Sie daher möglichst große Behälter und eventuell eine kompakte Varietät der Pflanze. Falls Sie über ausreichend Platz für ein Hochbeet verfügen, können Sie damit Sträuchern und größeren Kletterpflanzen wie Rosen und Hortensien das Wachstum erleichtern.

SOMMER

✳ BLUMEN: Arnika, Bartnelke, Berg-Aster, Berufkraut, Delosperma (Mittagsblume), Duftnessel (Agastache), Duftsteinrich, Duftwicke, Echte Katzenminze, Ehrenpreis (Veronica), Fetthenne, Gamander, Garten-Resede, Grasnelke, Hybrid-Katzenminze, Kornblume, Lein (Flachs), Margerite, Mexikanisches Berufkraut, Mohn, Monarde, Rainfarn-Phazelie, Schafgarbe, Schmuckkörbchen, Schöterich (Erysimum), Schwarze Flockenblume, Skabiose, Sonnenbraut (Helenium), Storchschnabel (Geranium), Taubnessel, Verbenen, Vergissmeinnicht, Wegerich-Natternkopf, Zierlauch (Allium), Zwerg-Godetie

🌿 KLETTERPFLANZEN: Jungfernrebe, Kletterhortensien, Kletter- und Rambler-Rosen, Passionsblume, Schwarzäugige Susanne, Vogel-Wicke

🌿 KOMPAKTE STRÄUCHER: kleine Abelien, kompakte Buddleja-Arten, Fingerkraut, kompakte Hebe-Arten, Heidekraut (Erika), Mutterkraut, Strauchiger Gamander, Zistrose, Zwergmispel

🌿 ESSBARE PFLANZEN: Basilikum, Bohnen, Borretsch, Erdbeere, Fenchel, Herbst-Salbei, Kapuzinerkresse, Kerbel, Lavendel, Majoran, Minze, Oregano, Ringelblume, Rosmarin, Salbei, Schnittlauch, Thymian, Ysop, Zitronenverbene, Zucchini

links: Bartnelke
rechts: Passionsblume

HERBST

BLUMEN: Alpenveilchen, Berg-Aster, Berufkraut, Delosperma (Mittagsblume), Duftnessel (Agastache), Echte Katzenminze, Fetthenne, Gamander, Garten-Resede, Hahnenfuß, Herbstanemone (kleinere Sorten), Herbst-Löwenzahn, Herbstzeitlose, Hybrid-Katzenminze, Mexikanisches Berufkraut, Mohn, Oktober-Margerite, Prachtscharte (Liatris), Rainfarn-Phazelie, Schafgarbe, Schmuckkörbchen, Skabiose, Sonnenbraut (Helenium), Sonnenhut, Storchschnabel (Geranium), Taubnessel, Verbenen, Wegerich-Natternkopf, Zwerg-Godetie

KLETTERPFLANZEN: Efeu, Passionsblume, Schwarzäugige Susanne

KOMPAKTE STRÄUCHER: kleine Abelien, Bartblume, kompakte Buddleja-Arten, kompakte Hebe-Arten, Heidekraut (Erika), Mutterkraut, Orangenblume

ESSBARE PFLANZEN: Borretsch, Fenchel, Kapuzinerkresse, Majoran, Oregano, Ringelblume, Rosmarin, Ysop

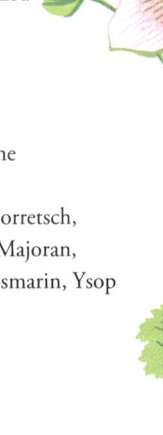

VON WINTER BIS FRÜHLING

✳ BLUMEN: Alpenveilchen, Duftveilchen, Krokus, Nieswurz (Christrose), Schneeglöckchen, Schöterich (Erysimum), Sibirischer Blaustern, Stiefmütterchen, Wiesen-Schaumkraut, Winterling,

🌿 KLETTERPFLANZEN: Clematis, Winter-Jasmin

🌱 KOMPAKTE STRÄUCHER: Heidekraut (Erika), Mahonie, Seidelbast, Wohlriechende Heckenkirsche, Zaubernuss (Hamamelis)

links: Herbstanemone
rechts: Wiesen-Margerite

KLEINE GÄRTEN

Kleine Gärten lassen sich leicht in wahre Bienenparadiese aus Blumen, Sträuchern und kleinen Bäumen mit einem ganzjährigen Pollen- und Nektarangebot verwandeln. Reduzieren Sie hierzu gemähte Rasenflächen auf ein Minimum, integrieren Sie eine Vielzahl an bienenfreundlichen Pflanzen in Beeten, bestücken Sie Veranden und Terrassen mit Topf- und Kübelpflanzen und lassen Sie blühende Kletterpflanzen an den Wänden emporranken.

FRÜHLING

BLUMEN: Blaukissen (Aubrieta), Buschwind-röschen, Delosperma (Mittagsblume), Duftwicke, Gartenhyazinthe, Huflattich, Immergrüne Schleifenblume, Kaukasus-Gämswurz, Krokus, Kuhschelle, Nieswurz (Christrose), Mohn, Prachtspiere (Astilbe), Salomonssiegel, Schöterich (Erysimum), Storchschnabel (Geranium), Taubnessel, Wolfsmilch (Euphorbia), Zierlauch (Allium)

KLETTERPFLANZEN: Blauregen (Wisteria), Clematis

STRÄUCHER UND KLEINE BÄUME: Berberitze, Buchsbaum, Deutzie, Fingerkraut, Hebe, Heidekraut (Erika), Judasbaum, Kätzchen-Weide, Mahonie, Orangenblume, Säckelblume (Ceanothus), kompakte Schneeball-Arten (Viburnum), Skimmie, Weißdorn

ESSBARE PFLANZEN: Apfel, Borretsch, Brombeere, Holzapfel, Johannisbeere, Kerbel, Quitte, Rosmarin, Schnittlauch

SOMMER

BLUMEN: Arnika, Astrantia (Sterndolde), Bartnelke, Berg-Aster, Delosperma (Mittagsblume), Duftsteinrich, Duftwicke, Echte Katzenminze, Ehrenpreis (Veronica), Garten-Resede, Goldrute, Hängepolster-Glockenblume, Heuchera, Hybrid-Katzenminze, Immergrüne Schleifenblume, Jakobsleiter, Kornblume, Kugeldistel, Lein (Flachs), Liebeshainblume (Nemophila), Mädchenauge (Coreopsis), Margerite, Mohn, Monarde, Natternkopf, Pfingstrose, Phlox, Prachtspiere (Astilbe), Purpur-Sonnenhut, Rainfarn-Phazelie, Salbei, Schafgarbe, Schmuckkörbchen, Schöterich (Erysimum), Silber-Perowskie, Skabiose, Sonnenbraut (Helenium), Sonnenhut, Stockrose, Storchschnabel (Geranium), Taubnessel, Wegerich-Natternkopf, Wolfsmilch (Euphorbia), Zierlauch (Allium), Zinnie

KLETTERPFLANZEN: Jungfernrebe, Kletterhortensien, Kletter- und Rambler-Rosen, Passionsblume, Schwarzäugige Susanne

STRÄUCHER UND KLEINE BÄUME: kleine Abelien, Blasenesche, Buddleja, Deutzie, Escallonia, Feuerdorn (Pyracantha), Fingerkraut, Hebe, Heckenrose, Heidekraut (Erika), Johanniskraut, Malve, Mutterkraut, Orangenblume, Rose, Säckelblume (Ceanothus), kompakte Schneeball-Arten (Viburnum), Zistrose

ESSBARE PFLANZEN: Basilikum, Bohnen, Borretsch, Brombeere, Dill, Erdbeere, Fenchel, Kapuzinerkresse, Kerbel, Lavendel, Majoran, Minze, Oregano, Ringelblume, Rosmarin, Salbei, Schnittlauch, Thymian, Ysop, Zitronenverbene, Zucchini

links: Zierlauch (Allium)
rechts: Borretsch

HERBST

BLUMEN: Alpenveilchen, Berg-Aster, Delosperma (Mittagsblume), Echte Katzenminze, Ehrenpreis (Veronica), Fetthenne, Garten-Resede, Goldrute, Hahnenfuß, Herbstanemone, Hybrid-Katzenminze, Liebeshainblume (Nemophila), Mohn, Oktober-Margerite, Prachtscharte (Liatris), Purpur-Sonnenhut, Rainfarn-Phazelie, Schafgarbe, Schmuck-körbchen, Silber-Perowskie, Skabiose, Sonnenbraut (Helenium), Sonnenhut, Storchschnabel (Geranium), Tabakpflanze, Taubnessel, Wegerich-Natternkopf, Zinnie

KLETTERPFLANZEN: Efeu, Passionsblume, Schwarzäugige Susanne

STRÄUCHER UND KOMPAKTE BÄUME: kleine Abelien, Bartblume, Buddleja, Escallonia, Hebe, Heidekraut (Erika), Johanniskraut, Malve, Mutterkraut, Orangenblume, Säckelblume (Ceanothus)

ESSBARE PFLANZEN: Borretsch, Fenchel, Kapuzinerkresse, Majoran, Oregano, Ringelblume, Rosmarin, Ysop

VON WINTER
BIS FRÜHLING

❄ BLUMEN: Alpenveilchen, Duftveilchen, Hasel,
Krokus, Nieswurz (Christrose), Schneeglöckchen,
Schöterich (Erysimum), Sibirischer Blaustern,
Wiesen-Schaumkraut, Winterling

❀ KLETTERPFLANZEN: Clematis,
Winter-Jasmin

❀ STRÄUCHER UND KOMPAKTE BÄUME:
Buchsbaum, Forsythie 'Beatrix Farrand', Hasel,
Heidekraut (Erika), Mahonie,
Perlschweif (Stachyurus), kompakte
Schneeball-Arten (Viburnum),
Seidelbast, Winter-Kirsche,
Wohlriechende Heckenkirsche,
Zaubernuss (Hamamelis)

links: Sonnenbraut
rechts: Zaubernuss

GROSSE GÄRTEN

Große Gärten bieten die Möglichkeit, Pflanzenarten, die Honigbienen besonders gerne besuchen, in großen Gruppen zu pflanzen. Sträucher lassen sich gut als Hecken pflanzen, und auch größere Exemplare bieten sich an. Blühende Beerenhecken (mit Heckenrose, Schlehdorn oder Brombeere) sind ein Festmahl für Bienen und bieten auch anderen Insekten, Vögeln und Kleinsäugern Lebensraum und Nahrung.

Dasselbe gilt für große blühende Bäume, die zudem den Vorteil bieten, dass sie sich mit Stauden unterpflanzen lassen. Grasflächen lassen sich als Wildblumenwiesen gestalten. Weitere Empfehlungen für Blumen, vor allem kompakter wachsende Arten, die sich gut zur Beetbegrenzung eignen, finden Sie in den vorhergehenden Abschnitten.

Da in großen Gartenanlagen meist auch ein separater Küchengarten zu finden ist, führe ich die essbaren Pflanzen hier nicht separat auf. Mehr dazu finden Sie im Abschnitt »Der Naschgarten« (siehe Seiten 87–89).

FRÜHLING

BLUMEN: Akelei, Beinwell, Borretsch, Delosperma (Mittagsblume), Gartenhyazinthe, Günsel, Hasenglöckchen, Immergrüne Schleifenblume, Krokus, Kuhschelle, Mohn, Nieswurz (Christrose), Schöterich (Erysimum), Silberblatt, Storchschnabel (Geranium), Tränendes Herz, Wolfsmilch (Euphorbia), Zierlauch (Allium)

KLETTERPFLANZEN: Blauregen (Wisteria), Clematis

STRÄUCHER: Deutzie, Fingerkraut, Flieder, Ginster, Hebe, Heidekraut (Erika), Japanische Lavendelheide, Johannisbeere, Kolkwitzie, Mahonie, Orangenblume, Säckelblume (Ceanothus), Schneeball (Viburnum), Skimmie, Stechginster, Stechpalme, Strauch-Pfingstrose, Zierquitte

BÄUME: Ahorn, Eiche, Flieder, Holunder, Kätzchen-Weide, Kirsche, Mandelbaum, Mehlbeere, Mispel, Pflaume, Quitte, Rosskastanie, Scheinakazie/Robinie, Schlehdorn, Vogelbeere, Weißdorn

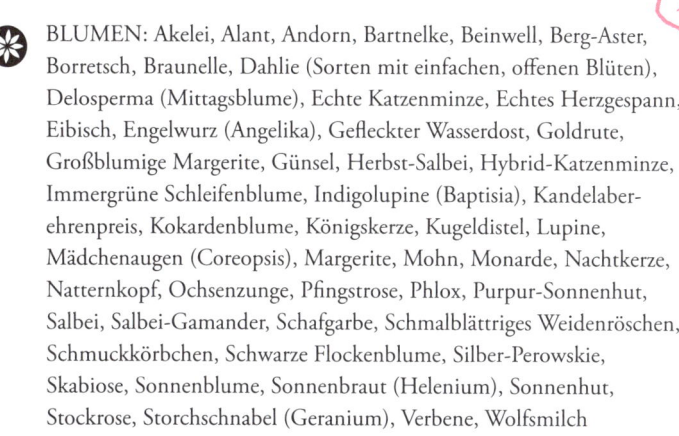

SOMMER

BLUMEN: Akelei, Alant, Andorn, Bartnelke, Beinwell, Berg-Aster, Borretsch, Braunelle, Dahlie (Sorten mit einfachen, offenen Blüten), Delosperma (Mittagsblume), Echte Katzenminze, Echtes Herzgespann, Eibisch, Engelwurz (Angelika), Gefleckter Wasserdost, Goldrute, Großblumige Margerite, Günsel, Herbst-Salbei, Hybrid-Katzenminze, Immergrüne Schleifenblume, Indigolupine (Baptisia), Kandelaber-ehrenpreis, Kokardenblume, Königskerze, Kugeldistel, Lupine, Mädchenaugen (Coreopsis), Margerite, Mohn, Monarde, Nachtkerze, Natternkopf, Ochsenzunge, Pfingstrose, Phlox, Purpur-Sonnenhut, Salbei, Salbei-Gamander, Schafgarbe, Schmalblättriges Weidenröschen, Schmuckkörbchen, Schwarze Flockenblume, Silber-Perowskie, Skabiose, Sonnenblume, Sonnenbraut (Helenium), Sonnenhut, Stockrose, Storchschnabel (Geranium), Verbene, Wolfsmilch (Euphorbia), Zierlauch (Allium), Zinnie

KLETTERPFLANZEN: Jungfernrebe, kletternde Kapuzinerkresse, Kletterhortensie, Kletter- und Rambler-Rosen, Passionsblume, Schlingknöterich, Schwarzäugige Susanne, Vogel-Wicke

STRÄUCHER: Abelie, Callicarpa (Schönfrucht), Deutzie, Escallonia, Feuerdorn (Pyracantha), Fingerkraut, Gartenhortensie, Hebe, Heckenrose, Heidkraut (Erika), Hoheria, Johanniskraut, Kartoffel-Rose, Kolkwitzie, Malve, Myrte, Säckelblume (Ceanothus), Schneeball (Viburnum), Schneebeere, Strauchiger Gamander, Strauch-Pfingstrose, Süße Duftblüte, Weigelie, Zwergmispel

BÄUME: Bienenbaum (Euodia), Eukalyptus, Holunder, Linde, Scheinakazie/Robinie, Scheinulme (Eucryphia), Trompetenbaum

links: Waldrebe (Clematis)
rechts: Pfingstrose

HERBST

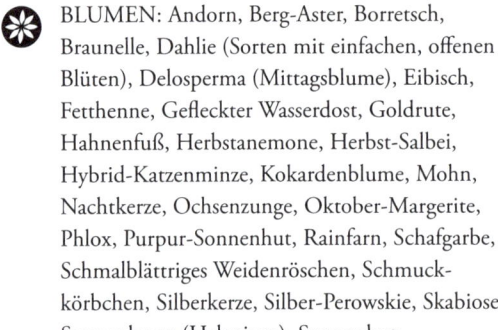

BLUMEN: Andorn, Berg-Aster, Borretsch, Braunelle, Dahlie (Sorten mit einfachen, offenen Blüten), Delosperma (Mittagsblume), Eibisch, Fetthenne, Gefleckter Wasserdost, Goldrute, Hahnenfuß, Herbstanemone, Herbst-Salbei, Hybrid-Katzenminze, Kokardenblume, Mohn, Nachtkerze, Ochsenzunge, Oktober-Margerite, Phlox, Purpur-Sonnenhut, Rainfarn, Schafgarbe, Schmalblättriges Weidenröschen, Schmuck-körbchen, Silberkerze, Silber-Perowskie, Skabiose, Sonnenbraut (Helenium), Sonnenhut, Verbene, Wegerich-Natternkopf, Zinnie

KLETTERPFLANZEN: Efeu, Kapuzinerkresse, Passionsblume, Schlingknöterich, Schwarzäugige Susanne

STRÄUCHER: Abelie, Bartblume, Escallonia, Hebe, Heidekraut (Erika), Japanische Aralie, Johanniskraut, Kartoffel-Rose, Orangenblume, Säckelblume (Ceanothus), Schneebeere, Süße Duftblüte

BÄUME: Bienenbaum (Euodia), Eukalyptus, Japanischer Schnurbaum, Scheinulme (Eucryphia)

VON WINTER BIS FRÜHLING

BLUMEN: Alpenveilchen, Duftveilchen, Heidekraut (Erika), Krokus, Nieswurz (Christrose), Schneeglöckchen, Schöterich (Erysimum), Wiesen-Schaumkraut, Winterling

KLETTERPFLANZEN: Clematis, Winter-Jasmin

STRÄUCHER: Bodnant-Schneeball (Viburnum bodnantense), Buchsbaum, Forsythie 'Beatrix Farrand', Heidekraut (Erika), Mahonie, Perlschweif (Stachyurus), Schnee-ball (Viburnum), Seidelbast, Stechginster, Wohlriechende Heckenkirsche, Zaubernuss (Hamamelis)

BÄUME: Erle, Hasel, Weide, Winter-Kirsche

links: Japanische Aralie
rechts: Kätzchen-Weide

FEUCHTE BÖDEN

Auch für feuchte Böden oder Teichränder gibt es Bienenpflanzen, denen es nichts ausmacht, »nasse Füße« zu bekommen:

Brunnenkresse *(Nasturtium officinale)*
Brunnenkresse gehört zu unseren bevorzugten Salatzutaten und wächst an Fluss- und Teichufern. Sie blüht von Sommer bis Frühherbst und ist eine gute Pollen- und Nektarquelle.

Kuckucks-Lichtnelke *(Lychnis flos-cuculi)*
Diese rosa Wildblume, die auf feuchten Untergründen heimisch ist, ist im Sommer eine hervorragende Nahrungsquelle.

Schmalblättriges Weidenröschen *(Chamaenerion angustifolium)*
Die hohen Stängel mit rosa Blütenständen wachsen überall – auch auf feuchten Böden. Sie produzieren im Sommer reichlich Pollen und Nektar.

Stechpalme *(Ilex coriacea)*
Honig von Stechpalmen erfährt vor allem in den USA eine hohe Wertschätzung. Die Pflanzen blühen im Sommer.

Sumpfdotterblume *(Caltha palustris)*
Die großen Dotterblumen sind im Frühjahr für Honigbienen eine exzellente Nahrungsquelle und eignen sich perfekt für sumpfige Untergründe.

Sumpf-Seidenpflanze *(Asclepias incarnata)*
Die Sumpf-Seidenpflanze stammt aus den USA. Sie blüht im Sommer und gehört zu einer großen Familie nektarreicher Pflanzen, die bei Honigbienen sehr beliebt sind.

Violetter Riesen-Ysop *(Agastache scrophulariifolia)*
Die eindrucksvollen, hoch aufragenden Blütenstände bieten
vom Sommer bis in den Herbst hinein Nektar und Pollen für
Honigbienen und andere Bestäuber.

Wasserminze *(Mentha aquatica)*
Die duftende, hübsche Pflanze ist bei Honigbienen sehr beliebt,
hat jedoch einen invasiven Charakter und sollte daher in einem
Topf gepflanzt und am Wasserrand eingegraben werden.

Wiesen-Schaumkraut *(Cardamine pratensis)*
Diese hübsche hellrosa Blume wird von Honigbienen sehr geschätzt und ist ein frühlingsblühendes Mitglied der Senffamilie.

*Ein Teich ist eine wertvolle Wasserquelle für Honigbienen. Allerdings
muss ein solider Landeplatz vorhanden sein. Dies können Sie durch
flache Steine am Wasserrand oder durch Wasserpflanzen wie Froschbiss
oder Seerosen bewerkstelligen, die einen natürlichen »Steg« bilden.*

DACHTERRASSEN

Gärtnern auf dem Hausdach stellt besondere Herausforderungen an Pflanzen, da sie dort starken Temperaturschwankungen, Wind und Trockenheit ausgesetzt sind. Daher ist es wichtig, winterharte, windresistente Arten mit geringem Wasserbedarf zu wählen, die mit dieser Umgebung zurechtkommen.

Der Vorteil von Pflanzgefäßen, wie sie die meisten Dachterrassengärtner verwenden, ist jedoch, dass man die darin befindlichen Pflanzen umstellen und sie so auch an einen geschützteren Ort umsetzen kann. Ein Sichtschutz (etwa aus Stroh oder Bambus) gewährt Windschutz und gibt blühenden Kletterpflanzen Halt. Denn je besser Sie Ihre Pflanzen vor dem auskühlenden und austrocknenden Effekt des Windes schützen, desto größer ist die Auswahl an Arten, die Sie dort ansiedeln können. Auch hier können Sie eine strukturgebende Bepflanzung mit ausdauernden Pflanzen im Frühling und Sommer um einige dekorative, bienenfreundliche Einjährige erweitern.

Dachterrassen sind zudem hervorragend für den Anbau von Obst und Gemüse sowie für eine vertikale Bepflanzung geeignet. Dadurch kann man auch kleinere Flächen optimal ausnutzen (siehe Abschnitte »Der Naschgarten« ab Seite 87 und »Quellen« ab Seite 117).

FRÜHLING

Alpen-Aster, Borretsch, Delosperma (Mittagsblume),
Duftwicke, Fingerkraut, Grasnelke, Günsel, Heidekraut
(Erika), Krokus, Kuhschelle, Milchstern, Mohn, Nieswurz
(Christrose), Prachtspiere (Astilbe), Schöterich (Erysimum),
Storchschnabel (Geranium), Traubenhyazinthe, Zierlauch
(Allium)

SOMMER

Alpen-Aster, Berufkraut, Borretsch, Dahlie (Sorten mit
einfachen, offenen Blüten), Delosperma (Mittagsblume),
Duftnessel (Agastache), Duftwicke, Fetthenne, Fingerkraut,
Funkie, Golddistel, Grasnelke, Günsel, Heidekraut (Erika),
Herbst-Salbei, Karde (Dipsacus), Königskerze, Lavendel,
Lein (Flachs), Mädchenauge (Coreopsis), Mannstreu,
Mohn, Natternkopf, Oregano, Prachtspiere (Astilbe),
Purpur-Sonnenhut, Quirlblütiger Salbei, Rainfarn-Phazelie,
Ringelblume, Schafgarbe, Schöterich (Erysimum), Schwarze
Flockenblume, Silber-Perowskie, Skabiose, Storchschnabel
(Geranium), Taglilie, Zierlauch (Allium)

HERBST

Berufkraut, Borretsch, Dahlie (Sorten mit einfachen, offenen
Blüten), Delosperma (Mittagsblume), Duftnessel (Agastache),
Fetthenne, Golddistel, Heidekraut (Erika), Herbst-Salbei,
Herbstzeitlose, Mohn, Oregano, Purpur-Sonnenhut, Rainfarn-
Phazelie, Ringelblume, Schafgarbe, Silber-Perowskie, Skabiose,
Storchschnabel (Geranium)

VON WINTER
BIS FRÜHLING

BLUMEN: Alpenveilchen, Duftveilchen, Heidekraut (Erika), Krokus, Nieswurz (Christrose), Schneeglöckchen, Schöterich (Erysimum), Stiefmütterchen, Wiesen-Schaumkraut, Winterling

KLETTERPFLANZEN: Clematis, Gemeiner Efeu, Japanische Wisteria, kletternde Kapuzinerkresse, Kletterhortensien, Passionsblume

STRÄUCHER UND KLEINE BÄUME: Bärentraube, Bartblume, Deutzie, Escallonia, Feuerdorn (Pyracantha), Flieder, Hartriegel, Hebe, Mahonie, Olive, Säckelblume (Ceanothus), Schneeball (Viburnum), Skimmie, Spierstrauch (Spirea), Strauchiger Gamander, Wohlriechende Heckenkirsche, Zistrose

oben: Blauregen (Wisteria)

BEGRÜNTE DÄCHER

Hausdächer, die ganz oder zum Teil von Pflanzen bewachsen werden, sind nicht nur für die Gebäude von Vorteil, sondern auch für die darin lebenden Menschen. Sie wirken beispielsweise dem Aufheizen des urbanen Klimas entgegen und verbessern die Qualität des ablaufenden Regenwassers. Und wenn man sie mit den richtigen Arten bepflanzt, sind begrünte Dächer auch bienenfreundlich.

Häufig sind begrünte Dächer »grüne Wüsten«, die nur mit einer sehr begrenzten Anzahl von Arten bepflanzt sind. Ein Dach, das mit verschiedenen, klug ausgewählten, robusten Pflanzen begrünt ist, um Insekten und Biodiversität zu fördern, ist dagegen nachhaltig und schön anzusehen und bietet bestäubenden Insekten über mehrere Jahreszeiten hinweg Nahrung.

In New York etwa wurde ein außergewöhnliches Forschungsprojekt mit über 25 verschiedenen Pflanzsystemen für begrünte Dächer ins Leben gerufen (Details hierzu finden Sie auf der Website nycgovparks.org.). Laut amtlicher Berechnung wären ca. 88 Millionen Quadratmeter ungenutzter Dachflächen in New York für eine Umwandlung in Grünflächen verfügbar. In anderen Großstädten ist dies nicht viel anders.

Die Begrünung von Dachflächen – ob auf neuen oder alten Gebäuden – wirft allerdings einige Fragen zu Bepflanzungssystemen, Statik, Wasser und Pflanzenauswahl auf. Auch die Wahl des richtigen Substrats ist entscheidend. Daher gehört die Dachbegrünung nicht in die Hände von Amateurgärtnern. Die gute Nachricht ist jedoch, dass es inzwischen viele Architekten gibt, die insektenfreundliche Bepflanzungen für grüne Dächer bereits praktisch umsetzen.

VERTIKALE GÄRTEN

Im Gegensatz zu Dachbegrünungssystemen sind vertikale Gärten auch für Gartenanfänger problemlos zu realisieren. Dabei lässt sich selbst auf einer geringen Bodenfläche eine üppige Bepflanzung unterbringen. Diese Art der Bepflanzung eignet sich perfekt für viele Standorte – vom Balkon bis hin zu einem großen Garten.

Die meisten Fassadenbegrünungen, die man an öffentlichen Gebäuden sieht, dienen allerdings eher dem Schutz vor Verwitterung und bestehen meist aus Pflanzen, die Bienen weder Pollen noch Nektar bieten. Sie sind in der Regel günstiger im Unterhalt. Dennoch spielen auch sie eine wichtige Rolle für die Umwelt. Denn sie tragen zur Begrünung der Umgebung, zur Wärmeregulierung (durch Isolation und Kühlung von Gebäuden) und zur Luftverbesserung bei. Tagsüber filtern die Pflanzen schädliche Gase aus der Luft, darunter auch das Treibhausgas Kohlendioxid. Vor allem in urbanen Umgebungen wäre es darüber hinaus allerdings wünschenswert, wenn auch Pflanzen für bestäubende Insekten vermehrt in die Fassadenbegrünungen integriert würden.

Zur Wandbegrünung im heimischen Garten gibt es verschiedene Möglichkeiten – von ausgefeilten Hydrokultursystemen bis hin zu einfachen selbst gebauten Konstruktionen aus recycelten Behältnissen. Im Internet finden Sie hierzu zahlreiche Ratschläge, Anleitungen und Expertentipps. Auch die Auswahl geeigneter Pflanzen ist riesig: Vom ergiebigen Küchengarten bis hin zu duftenden Blumenbeeten lässt sich alles auch in Form eines vertikalen Gartens anlegen. Für den Start erhalten Sie im Folgenden einige honigbienenfreundliche Vorschläge.

FRÜHLING

Blaukissen (Aubrieta), Delosperma (Mittagsblume),
Duftwicke, Erdbeere, Grasnelke, Heidekraut (Erika),
Immergrüne Schleifenblume, Krokus, Kuhschelle,
Mohn, Nieswurz (Christrose), Rosmarin,
Salomonssiegel, Schnittlauch, Vergissmeinnicht

SOMMER

Basilikum, Berg-Aster, Delosperma (Mittagsblume),
Dill, Duftsteinrich, Duftwicke, Echte Katzenminze,
Erdbeere, Garten-Resede, Grasnelke, Hängepolster-
Glockenblume, Heidekraut (Erika), Herbst-Salbei,
Heuchera, Hybrid-Katzenminze,
Immergrüne Schleifenblume,
Jakobsleiter, Kapuzinerkresse,
Lavendel, Liebeshainblume
(Nemophila), Majoran, Minze,
Mohn, Monarde, Oregano,
Phlox, Ringelblume,
Rosmarin, Salbei,
Schafgarbe, Schnittlauch,
Skabiose, Tabakpflanze,
Thymian, Verbenen,
Vergissmeinnicht,
Zinnie, Zwergdahlie

HERBST

Bartblume, Berg-Aster, Delosperma (Mittagsblume),
Echte Katzenminze, Fetthenne, Garten-Resede,
Heidekraut (Erika), Herbst-Salbei, Hybrid-
Katzenminze, Kapuzinerkresse, Liebeshainblume
(Nemophila), Majoran, Mohn, Oregano, Phlox,
Ringelblume, Rosmarin, Schafgarbe, Skabiose,
Tabakpflanze, Verbenen, Zinnie, Zwergdahlie

VON WINTER
BIS FRÜHLING

Alpenveilchen, Duftveilchen,
Heidekraut (Erika), Krokus, Nieswurz
(Christrose), Schneeglöckchen,
Sibirischer Blaustern,
Stiefmütterchen, Wiesen-
Schaumkraut, Winterling

links: Dill
rechts: Zinnie

DER NASCHGARTEN

Der Vorteil einer bienenfreundlichen Bepflanzung ist, dass eine Vielzahl von Obst- und Gemüsearten für Honigbienen besonders nützlich sind. Nichts ist spannender, als Obst und Gemüse selbst anzubauen, zu ernten und frisch gepflückt zu genießen.

Man nimmt an, dass für etwa ein Drittel der Nahrungsmittel, die wir täglich zu uns nehmen, Honigbienen eine wichtige Rolle bei der Bestäubung spielen. Ob diese Zahl nun exakt stimmt oder nicht – klar ist, dass sie für sehr viele essbare Pflanzen, die unsere Ernährung bestimmen, überlebenswichtig sind. Dasselbe gilt auch für jene Pflanzen, von denen unzählige andere Insekten, Vögel und Säugetiere abhängen – sowohl als Nahrung als auch als Lebensraum.

An dieser Stelle möchte ich noch einmal darauf hinweisen, dass man nicht unbedingt viel Platz benötigt, um Kräuter, Gemüse und Obst anzubauen. Trotzdem haben Sie in einem großen Garten natürlich eine größere Auswahl und können sogar Obst- und Nussbäume pflanzen.

Für Anzucht und Pflanzung können Sie jede Art von Gefäßen verwenden – von recycelten Konservendosen über Töpfe bis hin zu Wannen. Interessant ist auch der Anbau in Form von Wandbegrünungssystemen und frei stehenden Pflanztürmen, die ein Minimum an Bodenfläche beanspruchen und somit ideal für ein geringes Platzangebot sind.

Im Folgenden finden Sie eine Liste bienenfreundlicher Obst- und Gemüsepflanzen. Einige sind Selbstbestäuber, doch ihr Ertrag steigert sich deutlich, wenn sie von Honigbienen besucht werden.

Viele essbare Pflanzen wie Karotten, Rote Bete, Zwiebeln und Kohl (z. B. Weiß- oder Blumenkohl) werden noch vor der Blüte geerntet. Eine Lösung zum Wohl der Bienen ist deshalb, sich die Ausbeute zu teilen. Pflanzen Sie also etwas mehr an, als sie selbst benötigen. So können Sie einen Teil für die Küche verwenden und den Rest für die Bienen bis zur Blüte stehen lassen.

KRÄUTER: Basilikum, Beinwell, Borretsch, Dill, Engelwurz (Angelika), Fenchel, Goldmelisse, Kamille, Kapuzinerkresse, Kerbel, Koriander, Kümmel, Lavendel, Liebstöckel, Minze, Oregano, Petersilie, Portulak, Rauke (Rucola), Rosmarin, Salbei, Schafgarbe, Schnittlauch, Sommer-Bohnenkraut, Süßdolde, Thymian, Wilde Malve, Winter-Bohnenkraut, Ysop, Zichorie, Zitronenmelisse

GEMÜSE: Artischocken, Auberginen, Blumenkohl, Bohnen (z. B. Dicke Bohnen, Grüne Bohnen, Stangenbohnen), Brokkoli, Chilischoten, Chinakohl, Erbsen, Gartenkürbis (und viele andere Kürbissorten), Gurke, Karotten, Knoblauch, Kohlrabi, Melone, Okra, Paprika, Pastinaken, Rosenkohl, Rote Bete, Rübsen, Sellerie, Spargel, Topinambur, Weißkohl, Zucchini, Zwiebeln

OBSTSTRÄUCHER UND RANKENDE PFLANZEN: Erdbeere, Heckenrose, Heidelbeere, Himbeere, Kiwi, Loganbeere, Rote, Schwarze und Weiße Johannisbeere, Schlehdorn, Weinrebe

OBST- UND NUSSBÄUME: Apfel, Aprikose, Birne, Hasel, Holzapfel, Kirsche, Mandelbaum, Mispel, Orange, Pfirsich, Pflaume, Quitte, Vogelbeere, Walnuss, Weiße Maulbeere, Zitrone

Apfelbaum

DER NUTZEN VON WILDBLUMEN

Seit einigen Jahren wird gerne auf die Bedeutung von Wildblumen für die Ernährung von Honigbienen verwiesen. Fakt ist: Wildblumen sind eine wertvolle Nahrungsquelle. Und Fakt ist auch: Es gibt nicht annähernd genug davon. Aber: Sie allein werden das Nahrungsproblem von Honigbienen nicht lösen – egal wie viele bienenfreundliche Wildblumensamen in nobler Absicht gesät werden. Der Verlust wichtiger Ressourcen durch abgeholzte Wälder, blütenlose Rasenflächen, gesäuberte Gleis- und Straßenränder sowie durchgestylte Gärten ist nicht damit wettzumachen, wenn wir unserer Umwelt das wieder zurückgeben, was einige vielleicht als »Unkraut« bezeichnen würden.

Honigbienen sind von Natur aus Baumbewohner, daher mag es kaum überraschen, dass Bäume und Büsche nach wie vor ihre Hauptnahrungsquelle sind. In letzter Zeit wird diese Tatsache jedoch gerne übersehen, und es herrscht ein regelrechter Kult um »Samenbomben« und sogenannte Wildblumenwiesen.

Die Wahrheit über Wildblumenwiesen ist folgende: Auch wenn sie aus Wildblumen bestehen, so sind sie doch bei Weitem nicht »wild«. Vielmehr handelt es sich dabei um bewirtschaftete Flächen, die entweder von grasenden Tieren beweidet werden oder in bestimmten Intervallen gemäht werden müssen, damit das ökologische Gleichgewicht erhalten bleibt und sie nicht von dominanten Arten (wie hohen Gräsern und Nesseln) überwuchert werden, und auf ihnen auch kleinere Arten (wie Hornklee oder Braunelle) eine Chance haben zu gedeihen.

Eine Wildblumenwiese, die aus den falschen Pflanzenarten besteht, auf dem falschen Boden wächst oder nicht richtig gepflegt wird, fällt schnell invasiven oder wuchernden Arten zum Opfer und wird so lediglich zu einem weiteren Beispiel für das Motto »Gut gemeint, schlecht gemacht«. Es gibt aber auch viele hervorragende Beispiele für Wildblumenwiesen, von denen Sie sich inspirieren lassen können.

Hier also meine ganz persönliche Meinung als Bienenhalterin, die versucht, ihren Honigbienen möglichst viel und abwechslungsreiche Nahrung über das Jahr anzubieten: Wir können nie genug Wildblumen in unserem Garten haben – ebenso wenig wie unsere Bienen. Jeden Imker würde es freuen, wenn Gartenbesitzer weniger oft ihren Rasen mähen, damit Wildpflanzen im hohen Gras gedeihen. Ob im Garten, auf Wiesen, an Feld- oder Straßenrändern – einfache, heimische Wildblumen sehen wir überall gerne.

Aber ebenso klar ist auch, dass – im Großen und Ganzen betrachtet – Wildblumen allein weder die Menge noch die Vielfalt saisonübergreifender Bienennahrung liefern können, die für das Überleben von Bienenkolonien notwendig ist. Diese wird nach wie vor hauptsächlich von Bäumen und Sträuchern geliefert sowie durch eine Vielzahl kleinerer Pflanzen ergänzt.

Nach diesem eher theoretischen Exkurs folgen nun einige Beispiele wichtiger Wildblumen für Honigbienen.

Asternartige

Vom winzigen Gänseblümchen bis zur großen Wiesen-Margerite bieten diese wild wachsenden Wiesenblumen, die im Frühsommer überall am Straßenrand blühen, ein üppiges Nahrungsangebot für Bienen.

Brombeere

In ihrer Blütezeit von Spätfrühling bis Frühsommer sind wilde Brombeerbüsche ein wahres Festmahl für Honigbienen. Nach der Bestäubung liefern sie außerdem eine reiche Beerenernte für Vögel und andere Wildtiere. Und – wenn Sie schnell genug sind – natürlich auch für Menschen.

Gewöhnlicher Hornklee

Hornklee, ein Mitglied der Hülsenfrüchtefamilie, ist ein klassischer Bestandteil von Wildblumensamenmischungen und liefert während der Sommermonate sowohl Pollen als auch Nektar.

Heckenrose

Diese wilde Kletterrose trägt im Sommer viele einfache Blüten, aus denen anschließend Hagebutten wachsen, die Vögeln, Eichhörnchen und vielen anderen Tieren als Nahrung dienen und viel Vitamin C enthalten.

Löwenzahn

Die leuchtend gelbe Löwenzahnblüte ist ein freudiges Signal für den Frühlingsanfang. Löwenzahn gehört zu den wichtigsten Pflanzen für Honigbienen und versorgt sie in der Frühsaison mit wertvollem Pollen und Nektar.

Natternkopf

Während die meisten Blumen ihren Nektar zur Mittagszeit fließen lassen, bieten die dichten blauen Blütenstände des Natternkopfs den ganzen Tag über eine verlässliche Nahrungsquelle (Sommerblüher).

Schmalblättriges Weidenröschen

Die Pflanze besiedelt verlassene Gelände und Brachen ebenso wie verkohlte Lichtungen nach Waldbränden, weshalb sie im

Englischen als »fireweed« (Feuerkraut) bezeichnet wird. Für Honigbienen zählt sie zu den reichhaltigsten Nahrungsquellen im Sommer.

Storchschnabel (Geranium)
Honigbienen suchen die unscheinbaren Storchschnabelblüten immer wieder auf und ziehen sie vielen auffälligeren Blütenpflanzen vor. Je nach Art blühen diese Wildformen vom späten Frühjahr bis zum frühen Herbst.

Weißklee
Einst wurde Klee als Feldfrucht kultiviert und war die Hauptgrundlage der englischen Honigproduktion. Heute wird er nur noch selten kommerziell angebaut, wächst aber als wertvolle Wildblume auf Wiesen, wo er den ganzen Sommer über blüht.

»WILDER« RASEN

Für eine der einfachsten und schönsten Methoden, in einem größeren Garten Bienen Nahrung zu bieten, muss man das Konzept »Rasen« neu überdenken. Es gab Zeiten, da musste der Rasen smaragdgrün und mit militärischer Präzision getrimmt sein. Heutzutage können wir damit leben, dass nicht jede Grasfläche aussehen muss wie ein Golfplatz.

Hier einige Tipps für einen bienengerechten Rasen:

• Verwenden Sie weder Pestizide noch Rasendünger (ausdauernde Wildblumen, die von Jahr zu Jahr blühen, mögen keine gedüngten Böden).

• Mähen Sie weniger, damit sich Gänseblümchen, Löwenzahn, Klee, Braunellen, Wegerich und andere kleine Wildblumen ausbreiten können. Sie sind für Honigbienen von großem Nutzen.

• Pflanzen Sie gezielt neue Wildblumen oder säen Sie stellenweise Wildblumen in den Rasen. Kombinieren Sie ausdauernde und einjährige Pflanzen, wenn Sie möchten, dass sich Wildblumen dauerhaft ansiedeln.

- Pflanzen Sie bienenfreundliche Frühlingsblumenzwiebeln wie Krokus, Traubenhyazinthe und Schneeglöckchen in Ihren Rasen. Wenn Sie sie in Streifen oder Gruppen zusammenpflanzen, können Sie das Gras darum herum mähen.

- Lassen Sie den Rasen am Rand ihres Grundstücks höher wachsen und lassen Sie sich überraschen, was dort wächst. Beschleunigen Sie das Ganze durch einen winterharten, heimischen Wildblumen-Mix. Mähen Sie die Rasenränder nur zweimal im Jahr – einmal im Frühling und einmal Ende Herbst.

- Säen Sie Klee statt Gras. Er lässt sich – wenn Sie ihn nicht stark beanspruchen – begehen, er sieht den ganzen Sommer über schön aus und man muss nur ein paarmal im Jahr mähen. Für kaum beanspruchte Flächen ist auch ein Rasen aus Thymian, der im Hochsommer duftende Blüten trägt, eine bienenfreundliche Alternative zu Gras.

- Wenn Sie eine große Rasenfläche in eine Wildblumenwiese verwandeln wollen, sollten Sie entweder einen Experten zurate ziehen oder eingehend zu diesem Thema recherchieren, um die richtige Pflanzenmischung für Ihren Boden und ihren Standort zu finden. Wichtig ist auch, wie man die Wiese richtig pflegt, damit über viele Jahre hinweg ein ausgewogenes Gleichgewicht zwischen Gräsern und Wildblumen herrscht. Bestäubende Insekten werden Ihnen Ihre Mühen danken.

VORSICHT BEI DIESEN PFLANZEN!

Es gibt zwei Sorten von Pflanzen, bei denen Vorsicht geboten ist. Da sind diejenigen, die (teilweise oder grundsätzlich) für Honigbienen giftig sind – z. B. Engelstrompeten und Helikonien. Dann gibt es noch jene, die den Geschmack des hieraus produzierten Honigs beeinträchtigen (z. B. Liguster und Erdbeerbaum, beide bekannt für ihren bitteren Geschmack) oder sogar einen Honig ergeben, der für Menschen giftig ist – wie der Honig, der zum Großteil oder ausschließlich aus Berglorbeer (Kalmia), Rhododendron und Azaleen gewonnen wurde.

FÜR HONIGBIENEN GIFTIGE PFLANZEN UND/ODER PFLANZEN, DIE GIFTIGEN BZW. UNANGENEHM SCHMECKENDEN HONIG ERGEBEN

 BLUMEN
- Amaryllis (Belladonnalilie)
- Engelstrompeten
- Hahnenfuß
- Helikonien
- Orientalische Lilie 'Stargazer'
- Schwarzes Bilsenkraut
- Schwarze Tollkirsche

STRÄUCHER
- Azalee
- Berglorbeer (Kalmia)
- Carolina-Jasmin (Gelber Jasmin)
- Gewöhnlicher Buchsbaum
- Liguster
- Oleander
- Rhododendron
- Rosmarinheide

BÄUME
- Afrikanischer Tulpenbaum
- Balsambaum
- Chinesische Linde
- Erdbeerbaum
- Hängende Silber-Linde
- Kalifornische Rosskastanie
- Neuseeländischer Karaka
- Silber-Linde

KAPITEL SIEBEN

DIE ZEHN
BESTEN
PFLANZEN

Jetzt wollen Sie bestimmt so schnell wie möglich loslegen. Im Folgenden erhalten Sie daher einige Empfehlungen für die »Top Ten« unter den Blumen, Sträuchern, Kletterpflanzen und Bäumen, deren Nektar und Pollen Honigbienen magnetisch anziehen.

Bei der Auswahl habe ich Expertenwissen aus zahlreichen Quellen zusammengetragen, darunter Beobachtungen von Bienenhaltern, wissenschaftliche Feldstudien und die Empfehlungen britischer Vereine wie der Königlichen Gartenbaugesellschaft RHS (Royal Horticultural Society) oder dem Bienenhalterverband BBKA (British Beekeepers Association).

Die folgenden Listen erheben keinen Anspruch auf Vollständigkeit, helfen jedoch dabei, ohne großen Aufwand eine Einkaufsliste für Pflanzen zusammenzustellen. Achten Sie jedoch stets darauf, einen geeigneten Standort zu wählen, und berücksichtigen Sie auch die spätere Größe der Pflanzen – vor allem bei Sträuchern und Bäumen.

Das Symbol ✿ weist darauf hin, dass die jeweilige Pflanzenart in speziellen bienenfreundlichen Sorten erhältlich ist. Kaufen Sie Ihre Pflanzen am besten von Gärtnereien, die kennzeichnen, welche Pflanzen bienenfreundlich sind, oder informieren Sie sich entsprechend im Internet, etwa auf der Website der RHS (in englischer Sprache) oder beim deutschen Naturschutzbund NABU (siehe »Quellen« ab Seite 117).

BLUMEN

NAME	EXPERTEN EMPFEHLEN	BLÜTEZEIT
ASTERN-ARTIGE	*Leucanthemum vulgare* Wiesen-Margerite	Juni–August
	Erigeron speciousus Aspen-Berufkraut ❂	Juni–August
	Aster amellus Europäische Berg-Aster ❂	August–Oktober
BORRETSCH-GEWÄCHSE/NATTERN-KÖPFE	*Borago officinalis* Borretsch	April–Oktober
	Echium vulgare Natternkopf ❂	Juni–August
	Anchusa azurea Ochsenzunge ❂	Juni–September
	Echium plantagineum Wegerich-Natternkopf ❂	Juni–September
DISTEL	*Cirsium vulgare* Gewöhnliche Kratzdistel	Juni–Juli
	Cynara cardunculus Artischocke	Juni–September
	Echinops ritro Kugeldistel ❂	Juli–August
HEIDEKRAUT (Erika)	*Erica carnea* Schneeheide ❂	Januar–April
	Erica cinerea Graue Heide ❂	Juni–September
	Calluna vulgaris Besenheide ❂	August–September
ZIERLAUCH (Allium)	*Allium giganteum* Riesen-Lauch	Mai–Juni
	Allium schoenoprasum Schnittlauch	Mai–August
	Nectaroscordum siculum Sizilianischer Honiglauch	Juni

NAME	EXPERTEN EMPFEHLEN	BLÜTEZEIT
LAVENDEL	*Lavandula angustifolia* Echter Lavendel ☯	Juni–August
	Lavandula x *intermedia* 'Hidcote Giant'	Juli–August
	Lavandula x *chaytoriae* 'Sawyers'	Juli–August
SALBEI (Salvia)	*Salvia officinalis* Echter Salbei	Juni–August
	Salvia x *sylvestris* Violetter Gamander, Salbei-Gamander ☯	Juni–August
	Perovskia atriplicifolia Silber-Perowskie	Juli–Oktober
SONNEN-BRAUT (Helenium)	*Helenium bigelovii* Bigelows Sonnenbraut	Juni–September
	Helenium 'Sahin's Early Flowerer'	Juni–September
	Helenium autumnale Gewöhnliche Sonnenbraut ☯	August–September
SONNENHUT	*Echinacea purpurea* Purpur-Sonnenhut	Juli–September
	Rudbeckia hirta Sonnenhut ☯	Juli–Oktober
STORCH-SCHNABEL (Geranium)	*Geranium sanguineum* Blutroter Storchschnabel ☯	Mai–Juni
	Geranium maculatum Gefleckter Storchschnabel ☯	Mai–August
	Geranium pratense Wiesen-Storchschnabel ☯	Juni–September

KLETTERPFLANZEN

NAME	EXPERTEN EMPFEHLEN	BLÜTEZEIT
BLAUREGEN (Wisteria)	*Wisteria floribunda* Japanische Wisteria *Wisteria sinensis* Chinesische Wisteria	Mai–Juni Mai–Juni
EFEU	*Hedera colchica* 'Dentata Variegata' Kaukasischer Efeu *Hedera helix* Gemeiner Efeu ☙	September–November September–November
JUNGFERN-REBE (Wilder Wein)	*Parthenocissus* *Parthenocissus quinquefolia* *Parthenocissus henryana*	Juni–August Juni–Juli Juni–August
KAPUZINER-KRESSE	*Tropaeolum* (alle kletternden Arten)	Juni–September
KLETTER-HORTENSIE	*Hydrangea anomala* subsp. *petiolaris*	Juni–Juli
KLETTER-ROSE	*Rosa* 'Polyantha Grandiflora' *Rosa filipes* 'Kiftsgate' *Rosa moschata* Moschus-Rose	Juni–Juli Juli–August Juli–August
PASSIONS-BLUME	*Passiflora incarnata* *Passiflora caerulea* *Passiflora edulis*	Juni–September Juni–Oktober Juni–Oktober
PURPUR-KORALLEN-ERBSE	*Hardenbergia violacea*	Februar–April
SCHWARZ-ÄUGIGE SUSANNE	*Thunbergia alata* 'Superstar Orange' *Thunbergia alata* 'Susie Series'	Juni–Oktober Juni–Oktober
WALDREBE (Clematis)	*Clematis armandii* *Clematis vitalba* Gewöhnliche Waldrebe	März–Mai Juli–September

STRÄUCHER

NAME	EXPERTEN EMPFEHLEN	BLÜTEZEIT
ABELIE	*Abelia parvifolia* Schumann-Abelie *Abelia* 'Edward Goucher'	Mai–September
BROMBEERE	*Rubus fruticosus* Wilde Brombeere	Mai–Juni
GEWÖHNLICHE SCHNEEBEERE	*Symphoricarpos albus* Gewöhnliche Schneebeere *Symphoricarpos occidentalis* Wolfsbeere *Symphoricarpos orbiculatus* Korallenbeere	Juni–August Juni–August August–September
HEBE	*Hebe brachysiphon* *Hebe* 'Autumn Glory'	Mai–Juni Juli–Oktober
PFEIFENSTRAUCH (Philadelphus)	*Philadelphus* 'Beauclerk' *Philadelphus microphyllus*	Juni–Juli Juni–Juli
ROSMARIN	*Rosmarinus officinalis* ♥ *Rosmarinus officinalis* 'Miss Jessopp's Upright'	April–Juni Mai–Juni
SÄCKELBLUME (Ceanothus)	*Ceanothus* 'Autumnal Blue' *Ceanothus thrysiflorus* var. *repens* Kriechender Kalifornischer Flieder	August–Oktober Mai–Juni
SCHNEEBALL (Viburnum)	*Viburnum lantana* Wolliger Schneeball *Viburnum plicatum* f. *tomentosum* Japan-Schneeball ♥	Mai–Juni Mai–Juni
SOMMER- FLIEDER (Buddleja)	*Buddleja davidii* Varietäten ♥ *Buddleja globosa* Kugel-Sommerflieder	Juli–September Juni
WILDROSEN	*Rosa canina* Hunds-Rose ♥ *Rosa rugosa* Kartoffel-Rose ♥	Mai–Juni Juni–September

BÄUME

NAME	EXPERTEN EMPFEHLEN	BLÜTEZEIT
AHORN	*Acer campestre* Feldahorn	April–Mai
BIENENBAUM/ STINKESCHE	*Tetradium daniellii* Samthaarige Stinkesche	August–September
KIRSCHE	*Prunus padus* Gewöhnliche Traubenkirsche *Prunus* x *subhirtella* 'Autumnalis' Winter-Kirsche	April–Mai November–März
LINDE (Tilia)	*Tilia cordata* Winterlinde *Tilia* x *europaea* Gewöhnliche Linde *Tilia platyphyllos* Sommer-Linde	Juli Juli Juli
ROBINIE	*Robinia hispida* Borstige Robinie	Mai–Juni
ROSS-KASTANIE	*Aesculus hippocastanum* *Aesculus* x *carnea* Rote Rosskastanie *Aesculus indica* Indische Rosskastanie	April–Mai Mai Mai
SCHNURBAUM	*Styphnolobium japonicum*	August–September *braucht viele Jahre bis zur ersten Blüte*
TROMPETEN-BAUM	*Catalpa bignonioides*	Juli–August
WEIDE	*Salix daphnoides* Reif-Weide *Salix caprea* Kätzchen-Weide ☻	Februar–März März–April
WEISSDORN	*Crataegus laevigata* Zweigriffeliger Weißdorn ☻ *Crataegus monogyna* Eingriffeliger Weißdorn *Crataegus persimilis* 'Prunifolia' Pflaumenblättriger Weißdorn	Mai Mai Mai

KAPITEL ACHT

ERSTAUNLICHE
FAKTEN ÜBER
HONIGBIENEN

J e mehr wir über Honigbienen erfahren, desto faszinierender erscheinen sie uns. Sie leben nicht als Individuen, sondern als ein Superorganismus in einer perfekt geordneten Gesellschaft, und sind in jeder Hinsicht an ein zweckgerichtetes und produktives Leben angepasst, ohne Zeit, Energie oder natürliche Ressourcen zu verschwenden. Hier einige Einblicke in ihre hochkomplexe Welt.

1 Von den ca. 25.000 weltweit bekannten Bienenarten sind nur sieben Arten Honigbienen.

2 Honigbienen leben seit ungefähr 100 Millionen Jahren auf dieser Erde und produzieren Honig. Der moderne Mensch existiert nur einen Bruchteil dieser Zeit – um die 200.000 Jahre.

3 Honigbienen sind einzigartig, sie legen Honigvorräte an, um als Kolonie zu überwintern oder magere Zeiten zu überstehen. Keine andere Bienenart ist hierzu in der Lage.

4 Honigbienen spielen eine maßgebende Rolle bei der Befruchtung von ca. 30 Prozent unserer Obst- und Gemüsepflanzen und ca. 90 Prozent der Wildblumen. Die Bestäubung führt zu besseren Ernteerträgen, die nicht nur Menschen, sondern auch viele andere Säugetiere, Vögel und Insekten ernähren.

5 Honigbienen sind von Natur aus Baumbewohner und beziehen ihre Nahrung immer noch hauprsächlich von Sträuchern und Bäumen und nicht von Garten- oder Wildblumen.

6 Honigbienen sind Vegetarier. Sie besuchen Blüten, um Pollen (Protein zur Ernährung ihrer Brut) und Nektar (Kohlenhydrate zur Energieversorgung) zu sammeln. Daraus stellen sie Honig her, von dem sich die erwachsenen Bienen ernähren und den sie für den Winter lagern. Jedes Jahr muss jeder Bienenstock, allein um zu überleben, ca. 50 Kilogramm Pollen und 200 Kilogramm Nektar sammeln, bevor überhaupt Honig entnommen werden kann.

7 Alle Arbeitsbienen sind weiblich. Die männlichen Bienen, die Drohnen, arbeiten nicht im Bienenstock. Ihr einziger Lebenszweck ist es, eine Königin zu befruchten.

8 Mit ihren Fühlern kann die Honigbiene Schall und Vibrationen erkennen. Sie ermöglichen ihr außerdem einen erstaunlichen Geruchssinn, mit dem sie bestimmte Nahrungsquellen aus einer Entfernung von bis zu 1,5 Kilometern aufspüren kann. Außerdem nutzen Honigbienen ihre Fühler wie Katzen ihre Tasthaare, um den umgebenden Raum zu erkunden.

9 Honigbienen sammeln ihre Nahrung in einem Umkreis von 4,5 Kilometern um ihren Stock. Sie können auch weiter ausfliegen, doch die Energie, die sie dafür verbrauchen, würde den Ertrag für den Stock verringern. Bienen orientieren sich auf verschiedene Weise: an Landmarken, am Sonnenstand (den sie aufgrund ihrer Komplexaugen, die die Polarisation des Lichts wahrnehmen, auch an wolkigen Tagen erkennen) und mithilfe von Magnetrezeptoren im Hinterleib, die Magnetfelder wahrnehmen können.

10 Kundschafterbienen suchen nach Nahrungsquellen und kehren mit Futterproben zu ihrem Stock zurück. Erst wenn die Stockbienen diese Probe akzeptieren, teilen die Kundschafterinnen den Fundort durch einen »Schwänzeltanz« mit.

11 Honigbienen haben fünf Augen: Je ein großes Facettenauge auf jeder Seite des Kopfes und drei kleine Punktaugen (Ocellen) oben am Kopf, die als »Navigationssystem« dienen. Sie sehen in Farbe, sind aber besonders empfindlich für das blaue Spektrum und einen Teil des ultravioletten Lichtspektrums. Borstenhaare zwischen den Facettenlinsen erkennen die Windbedingungen und helfen den Bienen so, ihren Kurs zu halten.

12 Eine einzelne Honigbiene besucht auf jedem ihrer Sammelflüge 100 oder mehr Blüten. Im Gegensatz zu vielen anderen Bestäubern besuchen Honigbienen auf einem Flug nur eine einzige Blütenart.

13 Blüten geben nach dem Besuch einer Biene eine Zeit lang positive elektrische Ladungen ab. Außerdem hinterlässt die Biene auch einen chemischen »Fußabdruck«. Diese und weitere Signale sind Hinweise für andere Bestäuber, dass es sich in dieser Zeit nicht lohnt, die Blüte auf der Suche nach Nektar aufzusuchen.

14 Für ein 450-Gramm-Glas Honig besuchen Honigbienen über zwei Millionen Blüten und fliegen etwa 80.000 Kilometer.

15 Im Lauf ihres Lebens sammelt eine einzelne Biene so viel Nektar, um ein Zwölftel eines Teelöffels Honig zu produzieren.

16 Die durchschnittliche Höchstgeschwindigkeit einer Arbeitsbiene beträgt 24–32 Kilometer pro Stunde, wenn sie eine Nahrungsquelle anfliegt, und ca. 19 Kilometer pro Stunde, wenn sie voll beladen zurückkehrt. Das hörbare Summen der Biene ist das Geräusch ihrer Flügel, die bis zu 16.000 Mal pro Minute schlagen.

17 Das ganze Jahr über halten Bienen in ihrem Stock eine Temperatur zwischen 32 °C und 35 °C aufrecht. An heißen Tagen kühlen sie ihn, indem sie mit den Flügeln fächeln. Im Winter erzeugen sie Wärme, indem sie mit ihren Flugmuskeln »zittern«, ohne dabei die Flügel zu bewegen.

18 Im Hochsommer kann ein voll besetzter Bienenstock bis zu 70.000 weibliche Arbeitsbienen, die Königin und mehrere tausend (männliche) Drohnen enthalten. Im Winter verkleinert sich die Kolonie auf etwa ein Viertel ihrer sommerlichen Größe.

19 Arbeitsbienen, die im Frühling und Sommer zur Welt kommen, erledigen während ihrer fünf- bis sechswöchigen Lebensdauer eine Reihe genetisch festgelegter Aufgaben. (Bienen, die im Herbst schlüpfen, leben den Winter über bis zum Frühling). In den ersten drei Wochen ihres Lebens halten sie erst den Bienenstock sauber und füttern die Larven. Dann nehmen sie Pollen und Nektar von Sammlerinnen entgegen. Zu ihren weiteren Aufgaben gehört die Produktion von Bienenwachs. Erst im letzten Stadium ihres Lebens verlassen sie den Stock, um Nahrung zu sammeln.

20 Bienen halten keinen Winterschlaf. Im Herbst vertreiben die weiblichen Arbeitsbienen die Drohnen aus dem Stock, um sie den Winter über nicht durchfüttern zu müssen. Die verbleibende Kolonie schart sich eng um die Königin und fliegt nur aus, wenn die Außentemperatur über 10 °C steigt.

21 Drohnen sterben bei der Paarung, die im Flug stattfindet. Die Königin macht in ihrem Leben nur einen Hochzeitsflug, bei dem sie sich mit vielen Drohnen paart. Dabei sammelt sie einen Spermavorrat, den sie ihr ganzes Leben in ihrem Hinterleib speichert.

22 Die Königin ist größer als die Arbeiterinnen und hat eine Lebensdauer und Fruchtbarkeit von drei bis vier Jahren. Ihre Aufgabe besteht darin, Eier zu legen. Dies geschieht vor allem im Frühling und Frühsommer und erreicht seinen Höhepunkt zur Sommersonnenwende im Juni, wenn sie bis zu 2000 Eier am Tag legt. Da sie nicht für sich selbst sorgen kann, hat sie stets einen Hofstaat an Arbeiterinnen um sich, die sie füttern, pflegen und für Sauberkeit sorgen.

23 Jede Königin hat ihre eigene Pheromonsignatur, die im gesamten Bienenstock von Biene zu Biene verteilt wird. Neben zahlreichen anderen Funktionen dienen diese chemischen Botenstoffe als »Losung«, mit deren Hilfe Eindringlinge aus anderen Bienenstöcken schnell erkannt werden.

Die Anatomie der Honigbiene

a. Fühler (Antennen); b. Facettenauge; c. Punktaugen (Ocellen); d. Brust (Thorax); e. Flügel; f. Hinterleib (Abdomen); g. hinteres Beinpaar; h. Pollenbürste; i. mittleres Beinpaar; j. vorderes Beinpaar ; k. Rüssel (Zunge)

KAPITEL NEUN

QUELLEN

E s gibt viele Quellen, die sich mit dem Thema »Honigbienen« befassen. Vor allem im Internet findet man zahlreiche Informationen. Manches davon ist verständlich
erklärt, anderes eher verwirrend und widersprüchlich.

Die Links, die Sie hier finden, sind ein guter Ausgangspunkt,
um die Welt der Honigbienen zu erkunden und Hilfe und Inspiration zu Fragen rund um das Thema »Bienen« zu finden.

PLATZ ZUM PFLANZEN

Die wichtigste Hilfe, die wir Honigbienen bieten können, ist
es, ihnen Futterpflanzen zur Verfügung zu stellen. Wenn Sie
über keine Möglichkeit verfügen, Pflanzen auf Ihrem Balkon
oder in Ihrem Garten anzusiedeln, können Sie sich stattdessen
z. B. an einem Gartenprojekt in Ihrer Gemeinde beteiligen oder
selbst eins gründen. Öffentliche Grünflächen in Wohngebieten,
Parks und Sportplätzen sind oftmals nur »grüne Wüsten« aus
kurz gemähtem Rasen, die bestäubenden Insekten außer einigen Vorzeigeblumenbeeten nichts oder so gut wie nichts zu
bieten haben. Oft gibt es jedoch Randbereiche oder vergessene
Ecken, an denen sich bienenfreundliche Pflanzungen einrichten
lassen. Oft ist es einfach noch nie jemandem eingefallen, die
zuständigen Institutionen oder Gärtner zu fragen, ob sie daran
interessiert sind, mit einer Gruppe aus der Nachbarschaft zusammenzuarbeiten, um die Biodiversität in der Gegend zu verbessern. Sehen Sie sich einfach einmal in Ihrer Gemeinde um
und überlegen Sie, wo Sie etwas verändern könnten.

Auf den Webseiten nationaler Dachorganisationen von Garten-
bauvereinen wie z. B. der des Verbands der Gartenbauvereine in
Deutschland (VGiD) können Sie sich mit Gärtnergruppen in
Ihrer Umgebung zusammenschließen oder sich Rat holen,

wenn Sie selbst eine gründen möchten. Viele Gemeinden und gemeinnützige Vereine unterstützen zudem Begrünungsprojekte mit finanziellen Fördermitteln. Wenden Sie sich hierzu am besten an das Bau-, Garten- oder Grünflächenamt Ihrer jeweiligen Gemeinde (siehe z. B. **www.dachbegruenung-ratgeber.de**).

Oder Sie bewerben sich für einen Kleingarten. Voraussetzung hierfür ist meist die Mitgliedschaft in einem Kleingartenverein (Adressen z. B. unter **https://kleingartenvereine.de**).

Weitere nützliche Hinweise zum gemeinschaftlichen Gärtnern finden Sie unter folgendem Link: **www.kleingarten-bund.de.**

SIE WOLLEN SELBST IMKER WERDEN?

Wenn Sie sich für die Haltung von Bienen interessieren und den damit verbundenen Zeitaufwand sowie die Verantwortung auf sich nehmen wollen, dann willkommen im Club! Ihr erster Schritt sollte Sie zu Ihrem örtlichen Bienenzüchter- oder Imkerverein führen. Die Bienenhaltung beinhaltet lebenslanges Lernen. Man braucht dafür das nötige Wissen und die Fähigkeiten, die nur erfahrene Praktiker vermitteln können.

Wenn Sie selbst keine Bienen halten können, gibt es immer noch die Möglichkeit, örtlichen Imkern als Freiwilliger zu helfen. Voraussetzung hierfür sind in der Regel gewisse Grundkenntnisse. Denn jeder Imker wird die Hilfe fachkundiger, ausgebildeter Kräfte bevorzugen.

Um Bienenzüchtervereine und weitere Informationen zu finden, können Sie z. B. den Deutschen Imkerbund kontaktieren. Dort werden auch verschiedene einschlägige Veranstaltungen und Kurse angeboten (**http://deutscherimkerbund.de**).

WEITERE NÜTZLICHE QUELLEN

ALLGEMEINE INFORMATIONEN
Bundesministerium für Ernährung und Landwirtschaft
(BMEL): www.bienenfuettern.de
Deutscher Berufs- und Erwerbsimkerbund DBIB e.V.:
www.berufsimker.de
(HOneyBee Online Studies): www.hobos.de
International Bee Research Association: www.ibrabee.org.uk
Mellifera e.V. (Vereinigung für wesensgemäße Bienenhaltung):
www.mellifera.de; *siehe auch* Netzwerk Blühende Landschaft:
www.bluehende-landschaft.de
Planet Bee Foundation: www.planetbee.org

ONLINE-SHOPS UND INFOS ÜBER
BIENENFREUNDLICHE PFLANZEN
www.bienenweidekatalog-bw.de
www.kraeuter-und-duftpflanzen.de
www.manufactum.de
www.NABU.de/saatgut
www.olerum.de/pflanzen/bienenpflanzen
www.pflanzen-koelle.de/pflanzen/stauden/bienenstauden
www.pflanzenversand-gaissmayer.de
www.stauden.de

SYSTEMANBIETER/BERATUNG

VERTIKALE GÄRTEN
www.greenbop.de/Wandbegruenung/Vertikaler-Garten
www.greenfortune.com
www.mini-garden.com
www.sempergreenvertical.com

www.verticalis.ch
www.woollypocket.com

DACHBEGRÜNUNG
www.optigruen.de
www.zinco.de
ww.dachgaertnerverband.de

BIENENFREUNDLICHE BESUCHERGÄRTEN/ LERNERFAHRUNGEN

Beispiele für bienenfreundliche Gärten – sowohl in der Nähe Ihres Wohnorts als auch in anderen Ländern – finden Sie im Internet. Inspirierende botanische Gärten gibt es auf der ganzen Welt. Das Gleiche gilt für sehenswerte Gartenbauprojekte wie die von Piet Oudolf gestaltete Highline in New York.

Berggarten, *Hannover*
Botanischer Garten, *Höxter*
Freundschaftsinsel, *Potsdam*
Karl-Foerster-Garten, *Potsdam-Bornim*
Kew Gardens, *London*
Lehr- und Versuchsanlagen Nürtingen-Geislingen
Lehr- und Versuchsgärten Veitshöchheim
Naturarena, *Wesel-Bislich*
Schau- und Sichtungsgarten »Hermannshof«, *Weinheim*
Sissinghurst Castle Garden, *Kent*
Staudengarten Osnabrück
Strenzfelder Gärten, *Bernburg*
Weihenstephaner Gärten, *Freising*
Wildbienen-Schaugarten Berlin-Treptow
Wildbienen-Schaugarten auf dem Gelände des Landesverbands
    Hessen der Kleingärtner e.V., *Frankfurt am Main*

LITERATUREMPFEHLUNGEN

Dies ist eine kleine Auswahl empfehlenswerter Literatur. Sie umfasst verschiedene Themen rund um die Bienenhaltung, Biodiversität, Nahrungsmittelkampagnen und einige Nachschlagewerke über die richtige Pflanzenwahl.

Benjamin, Alison und Mc Callun, Brian: *Bienen halten und Honig herstellen*, Stuttgart 2008

Benjamin, Alison und Mc Callun, Brian: *Welt ohne Bienen*, Köln 2009

Bielmeier, Sandra und Armin: *Bienen Basics. Alles, was Hobbyimker und Bienenfreunde wissen müssen*, München 2016

Brickell, Christopher: *Die neue Enzyklopädie der Garten- und Zimmerpflanzen*, München 2000

Dettli, Martin und Ott, Martin: *Bienen verstehen*, Lenzburg 2015

Herold, Edmund: *Heilwerte aus dem Honig*, München 1970

Hintermeier, Helmut und Margit: *Bienen, Hummeln, Wespen im Garten und in der Landschaft*, München 2017

Kern, Simone: *Mein Garten summt! Ein Platz für Bienen, Hummeln und Schmetterlinge*, Stuttgart 2017

Kopp, Ursula: *Die schönsten Pflanzen für Bienen und Hummeln*, München 2016

Kremer, Bruno P.: *Mein Garten – ein Bienenparadies: Die 200 besten Bienenpflanzen*, Bern 2014

Lugerbauer, Katrin und Faltermayr, Christine: *Bienenfreundlich Gärtnern. Pflanzideen für alle Standorte*, München 2017

Pritsch, Günter: *Bienenweide. 200 Trachtpflanzen erkennen und bewerten*, Stuttgart 2007

Schwarzer, Elke: *Mein Bienengarten. Bunte Bienenweiden für Hummeln, Honig- und Wildbienen*, Stuttgart 2017

Seeley, Thomas: *Bienendemokratie*, Frankfurt am Main 2014

Steiner, Rudolf: *Mensch und Welt. Über das Wesen der Bienen*, Dornach 1988

Tautz, Jürgen: *Phänomen Honigbiene*, München 2007

Tautz, Jürgen und Steen, Dietrich: *Die Honigfabrik. Die Wunderwelt der Bienen – eine Betriebsbesichtigung*, Gütersloh 2017

VERZEICHNIS DER PFLANZENNAMEN

Die allgemeinsprachlichen Pflanzennamen können je nach Region und Land stark voneinander abweichen. In vielen Fällen ist der lateinische Name der am weitesten verbreitete.

LEGENDE

☻ *Arten mit bienenfreundlichen Zuchtformen*

⚠ *Pflanzen, die für Honigbienen giftig sind und/oder giftigen/unangenehm schmeckenden Honig ergeben*

spp. *verschiedene Arten*

A

Abelie, *Abelia* spp. ☻, *Abelia parvifolia*

Ackerbohne (Saubohne), *Vicia faba*

Afrikanischer Tulpenbaum, *Spathodea campanulata* ⚠

Agastache (Duftnessel), *Agastache scrophulariifolia*, *Agastache* spp. ☻

Ahorn, *Acer* spp.

Akelei, *Aquilegia* spp. ☻

Alant (Echter~), *Inula helenium*

Allium (Zierlauch), *Allium* spp. ☻

Alpen-Aster, *Aster alpinus*

Alpenveilchen, *Cyclamen* spp. ☻

Amaryllis (Belladonnalilie), *Hippeastrum* spp. ⚠

Andenstrauch, *siehe* Escallonia

Andorn (Gewöhnlicher~), *Marrubium vulgare*

Angelika (Engelwurz), *Angelica archangelica*
Apfel, *Malus domestica* ☉
Aprikose, *Prunus armeniaca* ☉
Arnika (Echte~), *Arnica montana*
Artischocke (Cardy), *Cynara cardunculus*
Aster/Raublatt-Aster/Berg-Aster, *Aster* spp. und
    Symphyotrichum spp. ☉
Astilbe (Prachtspiere), *Astilbe* spp. ☉
Astrantia (Große Sterndolde), *Astrantia major* ☉
Atlantisches Hasenglöckchen, *Hyacinthoides non-scripta*
    (meiden Sie das stark wuchernde Spanische Hasenglöckchen,
    H. hispanica)
Aubergine, *Solanum melongena* ☉
Azalee, *Rhododendron* spp. ⏧

B

Balsambaum, *Ochroma pyramidale* ⏧
Bärentraube (Echte~), *Arctostaphylos uva-ursi*
Bartblume, *Caryopteris* x *clandonensis* ☉
Bartnelke, *Dianthus barbatus* ☉
Basilikum, *Ocimum basilicum*
Bauernhortensie, *siehe* Gartenhortensie
Beinwell (Echter~), *Symphytum officinale*
Berberitze, *siehe* Thunberg-Berberitze
Berg-Ahorn, *Acer pseudoplatanus* ☉
Berg-Aster, *Aster amellus*
Berglorbeer, *siehe* Breitblättrige Lorbeerrose
Besenginster, *Cytisus scoparius* und andere *Cytisus* spp.
Bienenbaum (Euodia, Samthaarige Stinkesche), *Tetradium daniellii*
Bilsenkraut, *siehe* Schwarzes Bilsenkraut
Birne, *Pyrus communis* ☉
Blasenesche (Blasenbaum), *Koelreuteria paniculata*
Blaukissen, *Aubrieta* spp. ☉

Blauregen, *Wisteria floribunda* (Japanischer Blauregen),
  W. sinensis (Chinesischer Blauregen)
Blaustern, *siehe* Sibirischer Blaustern
Blumenkohl, *Brassica oleracea* ☉
Blut-Johannisbeere, *Ribes sanguineum* ☉
Blutroter Storchschnabel, *Geranium sanguineum*
Bodnant-Schneeball (Winterschneeball), *Viburnum* x *bodnantense* ☉
Borretsch, *Borago officinalis*
Borstige Robinie, *Robinia hispida*
Braunelle, *siehe* Kleine Braunelle
Breitblättrige Lorbeerrose (Berglorbeer), *Kalmia latifolia* ⚠
Brokkoli, *Brassica oleracea*
Brombeere, *Rubus fruticosus* ☉
Brunnenkresse (Echte~), *Rorippa nasturtium-aquaticum*
Buchsbaum (Gewöhnlicher~), *Buxus sempervirens* (für Bienen nicht
  giftig, aber der Honig davon kann für Menschen giftig sein) ⚠
Buddleja (Sommerflieder, Schmetterlingsstrauch), *Buddleja* spp. ☉
Buschwindröschen, *Anemone nemorosa*

C

Calendula, *siehe* Ringelblume
Callicarpa (Chinesische Schönfrucht, Liebesperlenstrauch),
  Callicarpa bodinieri ☉
Cardy, *siehe* Artischocke
Carolina-Jasmin (Gelber Jasmin), *Gelsemium sempervirens* ⚠
Ceanothus (Säckelblume), *Ceanothus* spp. ☉
Chicorée, *siehe* Zichorie
Chinakohl, *Brassica rapa* ☉
Chinesische Jungfernrebe, *Parthenocissus henryana*
Chinesische Wisteria (Chinesischer Blauregen), *Wisteria sinensis*
Chinesische Zierquitte, *Chaenomeles speciosa* ☉
Christrose, *siehe* Nieswurz
Clematis, *siehe* Klematis

D

Dahlie, *Dahlia* spp. ☾ (jede Sorte mit einfachen,
  offenen Blüten)
Delosperma (Mittagsblume), *Delosperma* spp. ☾
Deutzie, *Deutzia* spp. ☾
Dill, *Anethum graveolen*
Duftnessel, *siehe* Agastache
Duftsteinrich (Strand-Silberkraut, -kresse), *Lobularia
  maritima* ☾
Duftveilchen (Märzveilchen), *Viola odorata*
Duftwicke, *siehe* Platterbse

E

Eberesche, *siehe* Vogelbeere
Echtes Herzgespann (Löwenschwanz), *Leonurus cardiaca*
Efeu (Gemeiner~), *Hedera helix* ☾, *H. colchica* 'Dentata Variegata'
  (Buntlaubiger Kaukasischer Efeu)
Eibisch (Echter~, Arznei-Eibisch), *Althaea officinalis*
Eiche, *Quercus* spp. ☾
Einjähriges Silberblatt, *Lunaria annua*
Eisenkraut, *siehe* Verbene
Engelstrompete, *Brugmansia* spp. ▲
Engelwurz, *siehe* Angelika
Erbse (auch Gartenerbse oder Speiseerbse), *Pisum sativum* ☾
Erdbeere, *Fragaria* x *ananassa* ☾
Erika, *siehe* Heide
Escallonia (Andenstrauch), *Escallonia* spp. ☾
Essigbaum, *siehe* Rhus
Eukalyptus, *Eucalyptus* spp.
Euodia, *siehe* Bienenbaum

F

Feinstrahlaster, *Erigeron speciosus*
Feldahorn, *Acer campestre*
Fenchel, *Foeniculum vulgare*
Fetthenne, *siehe* Große Fetthenne
Feuerbohne, *Phaseolus coccineus* ☻
Feuerdorn, *Pyracantha* spp. ☻
Fingerkraut, *Potentilla* spp. ☻
Flieder, *Syringa* spp. ☻
Flockenblume, *siehe* Schwarze Flockenblume
Flohkraut, *siehe* Großes Flohkraut
Forsythie, *Forsythia* spp. ☻ (die Sorte 'Beatrix Farrand' produziert
   als einzige Forsythie Pollen)
Funkie, *siehe* Hosta

G

Gamander, *Teucrium* x *lucidrys*
Gänseblümchen, *Bellis perennis*
Gänsekresse, *Arabis* spp. ☻, *A. alpina* ☻
Gartenbohne (Grüne Bohne), *Phaseolus vulgaris* ☻
Gartenhortensie (Bauernhortensie), *Hydrangea macrophylla* ☻
Gartenhyazinthe, *Hyacinthus orientalis* ☻
Gartenkürbis, *Cucurbita pepo* spp. ☻
Garten-Resede (Duft-Resede), *Reseda odorata*
Gefleckter Storchschnabel, *Geranium maculatum*
Gefleckter Wasserdost, *Eupatorium maculatum, E. purpureum*
   (Roter Wasserdost)
Gemüse-Eibisch (Okra), *Abelmoschus esculentus*
Geranium, *siehe* Storchschnabel
Geschnäbelte Helikonie, *Heliconia rostrata* ⚠
Gewürz- und Gemüsepaprika, *Capsicum annuum* ☻, *C. annuum* var.
   annuum

Glockenheide, *siehe* Grauheide

Godetie (Sommerazalee, Klarkie), *Clarkia amoena* ☾

Golddistel, *Carlina vulgaris*

Goldmelisse *Monarda didyma*

Goldnessel, *siehe* Indianernessel

Goldrute, *Solidago* spp. ☾

Grasnelke, *siehe* Strand-Grasnelke

Grauheide (Graue Glockenheide), *Erica cinerea*

Großblumige Margerite, *Leucanthemum* x *superbum* ☾

Große Fetthenne, *Sedum* spp. und *Hylotelephium* spp. ☾

Große Garten-Ochsenzunge (Blaue Ochsenzunge, Italienische
  Ochsenzunge), *Anchusa azurea* ☾

Große Kapuzinerkresse, *Tropaeolum majus* ☾

Große Sterndolde, *siehe* Astrantia

Großes Flohkraut, *Pulicaria dysenterica*

Günsel, *siehe* Kriechender Günsel

Gurke, *Cucumis sativus* ☾

H, I

Hahnenfuß, *siehe* Scharfer Hahnenfuß

Hängepolster-Glockenblume, *Campanula poscharskyana*

Hasel (Gemeine~), *Corylus avellana*

Hasenglöckchen, *siehe* Atlantisches Hasenglöckchen

Hebe (Strauchveronika), *Hebe* spp. ☾

Heckenkirsche, *siehe* Wohlriechende Heckenkirsche

Heckenrose, *siehe* Hunds-Rose

Heidekraut (Erika), *Erica carnea* (Schneeheide) ☾, *E. cinerea*
  (Graue Heide) ☾, *Calluna vulgaris* (Besenheide) ☾

Heidelbeere, *Vaccinium myrtillus*

Helenium (Sonnenbraut), *Helenium* spp. ☾

Herbstanemone, *Anemone hupehensis* var. *japonica* ☾

Herbst-Löwenzahn, *Scorzoneroides autumnalis*

Herbst-Salbei, *Salvia greggii* ☾

Herbstzeitlose, *Colchicum autumnale, C. agrippinum*

Herzblume, *siehe* Tränendes Herz

Heuchera (Purpurglöckchen), *Heuchera* spp. ☾

Higan-Kirsche (Winter-Kirsche), *Prunus* x *subhirtella* 'Autumnalis'

Himbeere, *Rubus idaeus* ☾

Hoher Stauden-Phlox, *Phlox paniculata* ☾

Hoheria, *Hoheria* spp. ☾

Holländische Linde, *Tilia* x *europaea*

Holunder, *siehe* Schwarzer Holunder

Holzapfel, *Malus sylvestris* und andere *Malus*-Kultursorten

Hornklee (Gewöhnlicher~), *Lotus corniculatus*

Hosta (Funkie), *Hosta* spp. ☾

Huflattich, *Tussilago farfara*

Hunds-Rose (Heckenrose), *Rosa canina*

Indianernessel (Goldnessel, Monarde), *Monarda* spp. ☾

Indigolupine, *Baptisia australis*

Indische Rosskastanie, *Aesculus indica*

J, K

Jakobsleiter, *Polemonium caeruleum* ☾

Japanische Aralie, *Aralia elata*

Japanische Lavendelheide, *Pieris japonica* ☾

Japanische Wisteria (Japanischer Blauregen), *Wisteria floribunda*

Japanischer Schnurbaum, *Styphnolobium japonicum*

Johannisbeere, (Schwarze~, Weiße~ und Rote~), *Ribes* spp. ☾

Johanniskraut (Echtes~), *Hypericum* spp. ☾

Judasbaum (Gewöhnlicher~), *Cercis siliquastrum*

Jungfernrebe, *siehe* Selbstkletternde Jungfernrebe

Kahle Winterbeere (Tintenbeere), *Ilex glabra*

Kalifornische Rosskastanie, *Aesculus californica* ⚠

Kamille, *siehe* Römische Kamille

Kandelaberehrenpreis, *Veronicastrum virginicum* ☾

Kapuzinerkresse, *Tropaeolum tuberosum, T. speciosum* ☾

Karaka, *Corynocarpus laevigatus* ⬡
Karde, *Dipsacus* spp.
Karotte, *Daucus carota* subsp. *sativus* ☯
Kartoffel-Rose, *Rosa rugosa* ☯
Kätzchen-Weide, *siehe* Salweide
Katzenminze (Echte~), *Nepeta cataria*
Katzenminze (Hybrid~), *N. x faassenii, N. racemosa* ☯
Kaukasus-Gämswurz, *Doronicum orientale*
Kerbel (Echter~), *Anthriscus cerefolium*
Kirsche, *Prunus avium* (Vogel-Kirsche) ☯, *P. padus* (Trauben~) ☯
Kiwi, *Actinidia deliciosa*
Klee, *Trifolium pratense* (Rotklee, Wiesenklee), *T. repens* (Weißklee)
Kleine Braunelle, *Prunella vulgaris*
Kleines Schneeglöckchen, *Galanthus nivalis* ☯
Klematis (Waldrebe), *Clematis* spp. ☯; *C. cirrhosa*
Kletterhortensie, *Hydrangea anomala* subsp. *petiolaris*
Kletterrose/Rambler-Rose, *Rosa* spp. ☯
Knoblauch, *Allium sativum* ☯
Kohlrabi, *Brassica oleracea* ☯
Kokardenblumen, *Gaillardia* spp. ☯
Königskerze, *Verbascum* spp. ☯
Koriander, *Coriandrum sativum*
Kornblume, *Centaurea cyanus*
Kratzdistel (Gewöhnliche~, Lanzett~), *Cirsium vulgare*
Kriechender Günsel, *Ajuga reptans*
Krokus, *Crocus* spp. ☯
Küchenschelle, *siehe* Kuhschelle
Kuckucks-Lichtnelke, *Lychnis flos-cuculi*
Kugeldistel, *Echinops ritro, E. bannaticus* ☯
Kugel-Sommerflieder, *Buddleja globosa*
Kuhschelle (Gewöhnliche~, Küchenschelle), *Pulsatilla vulgaris*
Kümmel (Echter~), *Carum carvi*

L

Langblättriger Ehrenpreis (Langblättriger Blauweiderich), *Veronica longifolia* ☉ und andere *Veronica* spp.

Lavendel (Echter-), *Lavandula angustifolia*, *Lavandula* spp. ☉

Lein (Flachs), *Linum* spp., *L. usitatissimum*

Liebeshainblume, *Nemophila menziesii*

Liebesperlenstrauch, *siehe* Callicarpa

Liebstöckel, *Levisticum officinale*

Liguster, *siehe* Ovalblättriger Liguster

Loganbeere, *Rubus* x *loganobaccus*

Löwenzahn (Gewöhnlicher-), *Taraxacum officinale*

Lupine, *Lupinus* spp. ☉

M

Mädchenauge, *Coreopsis* spp. ☉

Magerwiesen-Margerite, *Leucanthemum vulgare*

Mahonie, *Mahonia* spp. ☉

Majoran, *Origanum majorana*

Malve, *Malva* spp. und *Lavatera* spp. ☉

Mandelbaum, *Prunus dulcis* ☉

Mannstreu, *Eryngium* spp. ☉

Margerite, *siehe auch* Großblumige Margerite

Mehlbeere (Echte-), *Sorbus aria* ☉

Mexikanisches Berufkraut, *Erigeron karvinskianus*

Milchstern, *siehe* Orangefarbener Milchstern

Minze, *Mentha* spp.

Mispel, *Mespilus germanica*

Mittagsblume, *siehe* Delosperma

Mohn, *Papaver* spp., *P. rhoeas* (Klatschmohn) ☉, *P. orientale* (Türkischer Mohn) ☉, auch *Eschscholzia californica* (Goldmohn oder Kalifornischer Mohn) und *Meconopsis cambrica* (Wald-Scheinmohn)

Monarde, *siehe* Indianernessel
Monatserdbeere (Wald-Erdbeere), *Fragaria vesca*
Moschus-Rose, *Rosa moschata*
Mutterkraut, *Tanacetum parthenium*
Myrte, *Myrtus communis*

N, O

Nachtkerze (Gemeine~), *Oenothera biennis*
Natternkopf (Gewöhnlicher~), *Echium vulgare* ☻
Nieswurz (Christrose), *Helleborus* spp. ☻
Ochsenzunge, *siehe* Große Garten-Ochsenzunge ☻
Okra, *siehe* Gemüse-Eibisch
Oktober-Margerite, *Leucanthemella serotina*
Oleander, *Nerium oleander* ▲
Olivers Linde, *Tilia oliveri* ▲
Orange, *Citrus sinensis* ☻
Orangefarbener Milchstern, *Ornithogalum dubium*
Orangenblume, *Choisya* spp. ☻
Oregano (Echter Dost), *Origanum vulgare*
Orientalische Lilie, *Lilium* 'Stargazer' ▲
Ovalblättriger Liguster, *Ligustrum ovalifolium* ▲

P, Q

Passionsblume, *Passiflora caerulea*, *P. edulis*, *P. incarnata*
Pastinake, *Pastinaca sativa* ☻
Perlschweif, *Stachyurus praecox*
Petersilie, *Petroselinum crispum*
Pfeifenstrauch (Bauernjasmin), *Philadelphus* spp. ☻
Pfingstrose, *Paeonia* spp. ☻
Pfirsich, *Prunus persica* ☻
Pflaume, *Prunus domestica* ☻
Pflaumenblättriger Weißdorn, *Crataegus persimilis* 'Prunifolia'

Phlox, *siehe* Hoher Stauden-Phlox
Platterbse (Duftwicke), *Lathyrus* spp. ☾
Portulak, *Portulaca oleracea*
Pracht-Salbei 'Mainacht', *Salvia* x *sylvestris* ☾
Prachtscharte, *Liatris spicata* ☾
Prachtspiere, *siehe* Astilbe
Purpurglöckchen, *siehe* Heuchera
Purpur-Korallenerbse, *Hardenbergia violacea*
Purpur-Sonnenhut, *Echinacea purpurea* ☾
Quirlblütiger Salbei, *Salvia verticillata* 'Purple Rain'
Quitte, *Cydonia oblonga* ☾

R

Rainfarn (Wermutkraut), *Tanacetum vulgare*
Rainfarn-Phazelie, *Phacelia tanacetifolia*
Rauke, *siehe* Senfrauke
Reif-Weide, *Salix daphnoides*
Resede, *siehe* Garten-Resede
Rhododendron, *Rhododendron* spp. ▲
Rhus (Essigbaum), *Rhus* spp.
Riesen-Lauch, *Allium giganteum*
Ringelblume (Garten-, Calendula), *Calendula officinalis* ☾
Rispenblütige Waldrebe, *Clematis terniflora*
Robinie, *siehe* Scheinakazie
Römische Kamille, *Chamaemelum nobile*
Rose, *Rosa* spp. ☾, besonders einheimische Arten wie *R. canina*
 (Hunds-Rose), *R. rubiginosa* (Wein-Rose, Sweet Briar), *R. spino-*
 sissima (Bibernell-Rose oder Dünenrose)
Rosenkohl, *Brassica oleracea* ☾
Rosmarin, *Rosmarinus officinalis* ☾
Rosmarinheide (Lavendelheide), *Andromeda polifolia* ▲
Rosskastanie (Gewöhnliche-), *Aesculus hippocastanum*
Rote Bete, *Beta vulgaris* 'Crimson King'

Rote Johannisbeere, *Ribes rubrum* ☾
Rote Rosskastanie, *Aesculus x carnea*
Rübsen, *Brassica rapa* ☾

S

Säckelblume, *siehe* Ceanothus
Salbei (Echter-), *Salvia officinalis* und *Salvia* spp. ☾
Salbei-Gamander, *Teucrium scorodonia*
Salomonssiegel, *Polygonatum x hybridum*
Salweide (Kätzchen-Weide), *Salix caprea* ☾
Samthaarige Stinkesche, *siehe* Bienenbaum
Saubohne, *siehe* Ackerbohne
Schafgarbe (Gewöhnliche-), *Achillea millefolium, Achillea* spp. ☾
Scharfer Hahnenfuß (Butterblume), *Ranunculus acris* ▲
Schattenblume (Fleischbeere, Schleimbeere), *Sarcococca
   hookeriana* var. *digyna* ☾, *S. hookeriana* var. *humilis*
   (Himalaya-Schleimbeere)
Scheinakazie (Gewöhnliche Robinie), *Robinia pseudoacacia*
Scheinulme, *Eucryphia* spp. ☾
Schlehdorn (Schlehe), *Prunus spinosa*
Schleierkraut, *Gypsophila* spp. ☾
Schleifenblume (Immergrüne-), *Iberis* spp. ☾
Schlingknöterich, *Fallopia baldschuanica*
Schlüsselblume (Echte-), *Primula veris*
Schmalblättriges Weidenröschen, *Chamaenerion angustifolium*
Schmetterlingsstrauch, *siehe* Buddleja
Schmuckkörbchen (Kosmee), *Cosmos* spp. ☾
Schneeball, *Viburnum* spp. ☾, *siehe auch* Wolliger Schneeball
Schneebeere (Gewöhnliche-), *Symphoricarpos albus,
   Symphoricarpos* spp., *Symphoricarpos occidentalis,
   Symphoricarpos orbiculatus* (Korallenbeere)
Schneeglöckchen, *siehe* Kleines Schneeglöckchen
Schneeheide, *Erica carnea*

Schnittlauch, *Allium schoenoprasum*

Schönfrucht, *siehe* Callicarpa

Schöterich (Goldlack), *Erysimum* spp. ☙

Schwarzäugige Susanne, *Thunbergia alata* ☙

Schwarze Flockenblume, *Centaurea nigra*

Schwarze Johannisbeere, *Ribes nigrum* ☙

Schwarze Tollkirsche, *Atropa belladonna* ⚠

Schwarzer Holunder, *Sambucus nigra*

Schwarz-Erle, *Alnus glutinosa*

Schwarzes Bilsenkraut, *Hyoscyamus niger* ⚠

Seidelbast, *Daphne odora, D. mezereum*

Selbstkletternde Jungfernrebe, *Parthenocissus quinquefolia,*
   P. henryana (Chinesische Jungfernrebe)

Sellerie (Echter~), *Apium graveolens* ☙

Senfrauke (Rauke, Rucola), *Eruca vesicaria*

Sibirischer Blaustern, *Scilla siberica* ☙

Silberblatt, *siehe* Einjähriges Silberblatt

Silberkerze (Oktober~), *Actaea simplex* ☙

Silber-Linde, *Tilia tomentosa* 'Petiolaris' ⚠ und 'Orbicularis' ⚠

Silber-Perowskie, *Perovskia atriplicifolia*

Sizilianischer Honiglauch, *Nectaroscordum siculum*

Skabiose, *Scabiosa* spp. ☙ und *Knautia arvensis* (Acker-
   Witwenblume)

Skimmie (Japanische Blütenskimmie), *Skimmia japonica* ☙

Sommerazalee, *siehe* Godetie

Sommer-Bohnenkraut, *Satureja hortensis*

Sommerflieder, *siehe* Buddleja

Sommerlinde (Großblättrige~), *Tilia platyphyllos*

Sonnenblume, *Helianthus* spp. ☙ (mit Ausnahme der Sorten
   mit gefüllten Blüten)

Sonnenbraut, *siehe* Helenium

Sonnenhut (Gewöhnlicher~, Gelber~), *Rudbeckia fulgida, R. hirta* ☙

Spargel (Gemüse~), *Asparagus officinalis* ☙

Stechginster, *Ulex europaeus*
Stechpalme (Europäische~), *Ilex aquifolium* spp. ☾ (trifft nicht
    für alle Stechpalmen zu, vor dem Kauf bitte nachfragen)
Stiefmütterchen, V*iola* ssp.
Stockrose (Gewöhnliche~), *Alcea rosea* ☾
Storchschnabel, *Geranium* spp. ☾, *Geranium lucidum*
    (Glänzender Storchschnabel), *G. mollis* (Weicher Storch-
    schnabel), *G. robertianum* (Ruprechtskraut)
Strand-Grasnelke, *Armeria maritima* ☾
Strauchiger Gamander (Baumgamander), *Teucrium fruticans*
Strauch-Pfingstrose, *Paeonia suffruticosa* spp. ☾
Strauchveronika, *siehe* Hebe
Sumpfdotterblume, *Caltha palustris*
Sumpf-Seidenpflanze, *Asclepias incarnata*
Süßdolde (Myrrhenkerbel), *Myrrhis odorata*
Süße Duftblüte, *Osmanthus fragrans*

T

Tabakpflanze, *Nicotiana* spp.
Taglilie, *Hemerocallis* spp. ☾
Taubnessel, *Lamium album* (Weiße Taubnessel), *L. purpureum*
    (Purpurrote Taubnessel), *L. maculatum* (Gefleckte Taubnessel)
Thunberg-Berberitze (Grüne Hecken-Berberitze),
    Berberis thunbergii ☾
Thymian, *Thymus* spp. ☾
Tintenbeere, *siehe* Kahle Winterbeere
Topinambur, *Helianthus tuberosus*
Tränendes Herz (Herzblume), *Dicentra* spp. ☾
Traubenhyazinthe, *Muscari* spp. ☾
Traubenkirsche (Gewöhnliche~), *Prunus padus*
Trompetenbaum (Gewöhnlicher~), *Catalpa bignonioides*
Tulpenbaum, *Liriodendron tulipifera*

V

Verbene (Patagonisches Eisenkraut), *Verbena bonariensis* ☉ und andere *Verbena* spp.

Vergissmeinnicht, *siehe* Wald-Vergissmeinnicht

Vogelbeere (Eberesche), *Sorbus aucuparia* spp. ☉ und andere *Sorbus* spp. ☉

Vogel-Wicke, *Vicia cracca*

W, Y, Z

Waldrebe (Gewöhnliche~), *Clematis vitalba*, *siehe auch* Klematis

Wald-Vergissmeinnicht, *Myosotis sylvatica*

Walnuss (Echte~), *Juglans regia* ☉

Wasserdost, *siehe* Gefleckter Wasserdost

Wegerich-Natternkopf, *Echium plantagineum* ☉

Wegwart, *siehe* Zichorie

Weide, *Salix* spp. ☉

Weigelie, *Weigela* spp. ☉

Weinrebe, *Vitis vinifera*

Weißdorn, *Crataegus* spp. (nur Sorten mit einfachen Blüten) ☉

Weiße Johannisbeere, *Ribes sativa* ☉

Weiße Maulbeere, *Morus alba*

Weißklee, *Trifolium repens*

Weißkohl, *Brassica oleracea* ☉

Westlicher Erdbeerbaum, *Arbutus unedo* ▲

Wiesen-Schaumkraut, *Cardamine pratensis*

Wiesen-Storchschnabel, *Geranium pratense*

Wilde Malve, *Malva sylvestris*

Winter-Bohnenkraut, *Satureja montana*

Winter-Jasmin, *Jasminum nudiflorum*

Winter-Kirsche, *siehe* Higan-Kirsche

Winterlinde, *Tilia cordata*

Winterling, *Eranthis hyemalis* ☉

Winterschneeball, *siehe* Bodnant-Schneeball
Witwenblume, *siehe* Skabiose
Wohlriechende Heckenkirsche, *Lonicera fragrantissima*
Wolfsmilch, *Euphorbia* spp. ☙
Wolliger Schneeball, *Viburnum lantana*
Ysop, *Hyssopus officinalis*
Zaubernuss, *Hamamelis* spp. ☙ , *H. vermalis* 'Lombart's Weeping'
Zichorie (Chicorée), *Cichorium intybus*
Zierlauch, *siehe* Allium
Zierquitte (Japanische~), *Chaenomeles japonica* ☙, *siehe auch*
  Chinesische Zierquitte
Zinnie, *Zinnia* spp. ☙
Zistrose, *Cistus* spp. ☙
Zitrone, *Citrus* x *limon*
Zitronenmelisse, *Melissa officinalis*
Zitronenstrauch (Zitronenverbene), *Aloysia citrodora*
Zucchini, *Cucurbita pepo* var. *cylindrica* ☙
Zuckermelone, *Cucumis melo* ☙
Zwergmispel, *Cotoneaster* spp. ☙
Zwiebel, *Allium cepa* ☙

DANKSAGUNG

Dieses Buch ist aus einem kleinen Heftchen entstanden, das ich geschrieben hatte, um es an Gärtnergruppen und örtliche Bienenzüchtervereine zu verteilen. Harriet Butt, Lektorin beim Verlag Quadrille, erkannte sein Potenzial für die Veröffentlichung in Form eines Buches, und es war mir ein großes Vergnügen, mit ihr und ihrem Team für dieses Projekt zusammenzuarbeiten. Ich danke ihnen allen.

Ein weiteres großes Dankeschön geht an Jennifer Latham. Mit ihrer Neugier und einem außergewöhnlichen Gespür für Details ist sie die beste Lektorin, die man sich als Autorin wünschen kann.

Mein Dank gilt außerdem zwei weiteren Personen: der Garten-Designerin Jane Finlay, die ihre Einsichten in das Thema »Dachbegrünung« mit mir geteilt hat, und John Chapple, einen der angesehensten britischen Bienenzüchter. John hat vor über 20 Jahren als einer der Ersten die Krise der Nahrungsknappheit für die Honigbiene erkannt und thematisiert. Er war von Anfang an unser treuer Mentor und eine große Inspiration für die Arbeit von »Bermondsey Street Bees«.

ÜBER DIE AUTORIN

Sarah Wyndham Lewis schreibt seit über 30 Jahren als freiberufliche Autorin und Journalistin über verschiedene Themen – von Öffentlichkeitsarbeit bis hin zu Design und Inneneinrichtung.

Seit 2007 führt sie zusammen mit ihrem Ehemann Dale Gibson den nachhaltigen Bienenzucht- und Imkereibetrieb »Bermondsey Street Bees«. Die beiden leben in London und Suffolk, wo Sarah ihr Projekt eines bienenfreundlichen Gartens weiterhin fortführt. In London arbeiten sie mit gemeinnützigen Vereinen und Geschäftsleuten zusammen, um öffentliche Plätze mit Pflanzen für Honigbienen zu begrünen.

Als Insektenallergikerin ist Sarah zwar ein eher ungewöhnlicher Bienenfan, aber die vielen Jahre des engen Zusammenlebens mit Bienen, das Lernen, Schreiben und das Verkosten von Honig hat aus ihr eine leidenschaftliche Fürsprecherin für die Bedürfnisse dieses sanften, fleißigen Insekts gemacht.

BERMONDSEY
STREET
BEES

Die Originalausgabe erschien 2018 unter dem Titel
Planting for Honeybees bei
Quadrille Publishing, einem Imprint von Hardie Grant
Publishing

Quadrille Publishing
Pentagon House
52–54 Southwark Street
London SE1 1UN
www.quadrille.com

Aus dem Englischen von Julia Paiva Nunes

1. Auflage 2018

Deutsche Ausgabe Copyright © 2018 Gerstenberg Verlag,
Hildesheim
Redaktion und Satz: twinbooks, München

Printed and bound in China

www.gerstenberg-verlag.de
ISBN 978-3-8369-2152-7